탕자의 정신사

예수의 비유를 읽다

탕자의 정신사

예수의 비유를 읽다

미야타 미츠오 지음
양현혜 옮김

홍성사

목차

　신약성서의 서두에 있는 공관복음서를 읽다 보면, 도처에서 회화적인 이미지와 상징적인 표현을 볼 수 있습니다. 그것은 사실 하나님에 대해, 하나님의 행하심에 대해, 즉 '하나님 나라'와 하나님의 구원에 대해 말하고 있는 '하나님의 화집' 畵集, H·틸리케이라고도 할 수 있습니다. 복음서가 추상적인 말로 종교적 진리를 전하려는 것이 아님을 알 수 있습니다.

　공관복음서에 공통적으로 나타나는 이러한 특징은 원래 성서적 전승에 유래하는 것으로, 기본적으로 예수의 선교 활동에 기초하고 있습니다. 예수는 그 이전에도 그리고 그 이후 누구와도 비교할 수 없을 정도로 회화적인 화법의 이야기꾼이었습니다. 예수께서 말씀하신 비유의 대다수는 커다란 매력과 풍요로움으로 가득합니다.

　신약성서에는 사십여 개의 예수의 비유가 있습니다. 그것들은 예수 어록의 일부를 구성할 뿐만 아니라 '하나님 나라'의 신비에 대해 말하는 예수의 화법 그 자체를 나타내고 있습니다. 예수는 자신의 복음 선교에서 이러한 비유를 사용하여 눈에 보이지 않는 '하나님 나라'의 새로운 현실성을 깨달게 해주려고 애썼습니다. 예수의 비유에는 '하나님 나라'가 이 세상에 대해 갖는 신선함, 이질성, 충격성이 나타나 있습니다. 예수의 비유가 오늘날에도 중대한 현실성이 있음을 간과해서는 안 됩니다. 그것은 지금 여기 우리에게도 생생하게 말 걸며 우리의 현실을 뒤흔드는 박력이 있습니다.

예수의 많은 비유 가운데 흔히 '돌아온 탕자'의 비유라고 일컬어 온 누가복음 15장 11절 이하의 이야기가 가장 대표적입니다.

이 비유는 실제로 일어난 사건을 말하는 것이 아닙니다. 같은 상황이 생길 경우 아버지가 아들들에게 어떻게 대처해야 하는가, 형이나 동생이 어떻게 행동하고 성장해 가야 하는가, 등을 말하는 것도 아닙니다. 오히려 새롭게 '되돌아가는' 것을 염원하는 '잃어버린' 아들이나 딸에 대해 하나님이 '하나님 나라'라고 하는 새로운 현실의 한복판에서 어떻게 만나려고 하시는가를 나타내는 메시지입니다. 여기에는 잘 정리된 양식과 탁월한 내용에 의해 표현된 복음의 에센스가 내포되어 있습니다. 사실 이 비유는 성서 이야기 중 가장 잘 알려져 있습니다. 지금까지 셀 수 없을 정도로 많이 반복해서 이야기되어 왔고 윤색되었으며, 문맥을 바꾸어 여러 가지 형태로 이야기되어 왔습니다. 또 많은 기독교 미술가들이 시대의 차이를 넘어 반복해서 이 이야기를 회화적으로 표현하려고 노력해 왔습니다.

1부에서 소개하는 이러한 작품들 가운데에는 기독교 정신사의 한 단면이 나타나 있음을 볼 수 있습니다. 이어서 2부에서도 이 이야기에 대한 해석의 다양성을 고대에서 현대에 이르기까지 추적해 보겠습니다. 마지막으로 우리 문명이 현실적으로 직면한 엄혹한 문제 상황에 대해 이 비유를 통해 말하고 있는 예수의 물음과 희망의 메시지를 들어 보려고 합니다.

먼저 텍스트 전체를 소개해 보겠습니다.

예수께서 또 말씀하셨다. "어떤 사람이 두 아들을 두었는데 작은아들이 아버지에게 제 몫으로 돌아올 재산을 달라고 청하였다. 그래서 아버지는 재산을 갈라 두 아들에게 나누어 주었다. 며칠 뒤에 작은아들은 자기 재산을 다 거두어 가지고 먼 고장으로 떠나갔다. 거기서 재산을 마구 뿌리며 방탕한 생활을 하였다. 그러다가 돈이 떨어졌는데 마침 그 고장에 심한 흉년까지 들어서 그는 알거지가 되고 말았다. 하는 수 없이 그는 그 고장에 사는 어떤 사람의 집에 가서 더부살이를 하게 되었는데 주인은 그를 농장으로 보내어 돼지를 치게 하였다. 그는 하도 배가 고파서 돼지가 먹는 쥐엄나무 열매로라도 배를 채워 보려고 했으나 그에게 먹을 것을 주는 이는 아무도 없었다. 그제야 제정신이 든 그는 이렇게 중얼거렸다. '아버지 집에는 양식이 많아서 그 많은 일꾼들이 먹고도 남는데 나는 여기서 굶어 죽게 되었구나! 어서 아버지께 돌아가, 아버지, 제가 하늘과 아버지께 죄를 지었습니다. 이제 저는 감히 아버지의 아들이라고 할 자격이 없으니 저를 품꾼으로라도 써주십시오 하고 사정해 보리라.' 마침내 그는 거기를 떠나 자기 아버지 집으로 발길을 돌렸다. 집으로 돌아오는 아들을 멀리서 본 아버지는 측은한 생각이 들어 달려가 아들의 목을 끌어안고 입을 맞추었다. 그러자 아들은 '아버지, 저는 하늘과 아버지께 죄를 지었습니다. 이제 저는 감히 아버지의 아들이라고 할 자격이 없습니다.' 하고 말하였다. 그렇지만 아버지는 하인들을 불러 '어서 제일 좋은 옷을 꺼내어 입히고 가락지를 끼우고 신을 신겨 주어라. 그리고 살진 송아지를 끌어내다 잡아라. 먹고 즐기자! 죽었던 내 아들이 다시 살아왔다. 잃었던 아들을 다시 찾았다.' 하고 말했다. 그래서 성대한 잔치가 벌어졌다. 밭에 나가 있던 큰아들이 돌아오다가 집 가까이에서 음악 소리와 춤추며 떠드는 소리를 듣고 하인 하나를 불러 어떻게 된 일이냐고 물었다. 하인이 '아우님이 돌아왔습니다. 그분이 무사히 돌아오셨다고 주인께서 살진 송아지를 잡게 하셨습니다.' 하고 대답하였다. 큰아들은 화가 나서 집에 들어가려 하지 않았다. 그래서 아버지가 나와서 달랬으나 그는 아버지에게 '아버지, 저는 이렇게 여러 해 동안 아버지를 위해서 종이나 다름없이 일을 하며 아버지의 명령을 어긴 일이 한 번도 없었습니다. 그런데도 저에게는 친구들과 즐기라고 염소 새끼 한 마리 주지 않으시더니 창녀들한테 빠져서 아버지의 재산을 다 날려 버린 동생이 돌아오니까 그 아이를 위해서는 살진 송아지까지 잡아

주시다니요!' 하고 투덜거렸다. 이 말을 듣고 아버지는 '얘야,
너는 늘 나와 함께 있고 내 것이 모두 네 것이 아니냐? 그런데
네 동생은 죽었다가 다시 살아왔으니 잃었던 사람을 되찾은
셈이다. 그러니 이 기쁜 날을 어떻게 즐기지 않겠느냐?' 하고
말하였다." 눅 15:11-32(공동번역)

1부
기독교 미술 속의
'돌아온 탕자'

　해외여행이 더없이 활발한 오늘날에는 유럽의 오래된 교
회당이나 세계 각지의 미술관을 방문하여 기독교 미술 작품
을 볼 기회가 많아졌습니다. 그곳에 가면 수많은 십자가상과
마리아상을 비롯해 참으로 여러 가지 성화를 만날 수 있습니
다. 그것들을 볼 때 성서에 관한 지식 없이는 그 의미를 제대
로 이해할 수 없다는 것을 체험한 적이 종종 있을 것입니다.

　성서 지식만이 아닙니다. 거기에는 고대·중세 교회 이래
의 기독교적 상징이 각인되어 있습니다. 그 독특한 의미와 용
법에 대한 예비지식이 있다면 얼마나 좋을까 하는 생각이 들
때도 적지 않을 것입니다. 예를 들면, 성령에 의해 마리아가
수태受胎했음을 고지하는 천사는 보통 순결의 상징인 백합화
를 들고 있습니다. 그런 것들은 어느 정도까지는 상상으로도
알 수 있습니다. 그러나 한 예로, 마리아의 전신이 태양 빛에
감싸여 발밑의 달을 밟는 여성으로 그려진 그림도 있습니다.
참으로 상징적이고 신비롭습니다.

사실 이것은 "한 여자가 있는데 그 발아래에는 달이 있고 그 머리에는 열두 별의 관을 썼더라"계 12:1라는 계시록의 기술에 의한 것입니다. 이는 마리아가 영원한 신적 존재임을 나타내는 것이라고 합니다. '하나님의 어머니'에서 '무원죄 수태'에 이르는 마리아 숭배의 상징은 놀라울 정도로 다채롭습니다 야자키 모리요리, 《아베마리아》, 이와나미서점. 유럽 여행을 위해 하룻밤을 새워 공부해서는 도저히 따라갈 수 없음을 알게 될 것입니다.

성서는 고대 말기 이래 예술가들에게 수많은 회화와 조각을 제작하는 데 영감의 원천이 되어 왔습니다. 그것은 라틴어 성서를 읽을 수도 이해할 수도 없었던 많은 사람들에게 성서의 사건과 메시지를 전달하기 위한 중요한 수단이었던 것입니다. '가난한 자들의 성서' 형식으로 삽화를 집어넣은 성서는 광범위하게 사용되었습니다. 거기에는 민중 교육을 위해 신약성서에서 골라낸 중요한 장면에, 구약성서에서 대응된 장면을 뽑아 붙여서 그린 것이 대부분이었습니다. 그러나 이러한 작품은 개인적인 신앙적 경건의 증표이기도 했습니다. 응접실이나 서재 벽에 장식된 성서적 모티브를 가진 회화는 평안과 신뢰, 그리고 희망을 전해 줍니다. 이것들이 경우에 따라서는 미술 작품으로서 충분한 가치가 없는 비속한 하급 예술의 영역을 넘어서지 못하는 것이었다 하더라도, 그 안에서 나타내고 있는 성서적 사건을 상기시켜 주었던 것입니다.

그림 1_무리요의 《무원죄의 수태》 (1660~1665년)

이하에서는 신약성서의 예수의 비유 중에서도 가장 많이 알려진 '돌아온 탕자'를 소재로 한 작품을 다뤄 보겠습니다. 이 테마는 고대 이래로 많은 사람들에게 감동을 주어 왔습니다. 왜냐하면 기독교권에서 '돌아온 탕자'는 신약성서의 비유를 배경으로 하고 있으나, 보편적인 '인간성의 풍경' 가운데 성립한 것이기도 하기 때문입니다 W. 비트비키, 《조형미술에 나타난 돌아온 탕자의 비유—렘브란트에 이르기까지》, 1930년.

단지 양식사적 관점에서 예술 작품 감상을 하려는 것은 아닙니다. 오히려 여기서는 주로 이 성서의 비유 내용이 어떻게 표현되어 있는가, 어떠한 모티브를 주제로 삼았는가, 그에 따라 텍스트에 대해 어떠한 이해가 시도되고 있는가를 중심으로 살펴보려고 합니다. 이러한 관점에서 도상학적 해석을 시도해 봄으로써, 성서 텍스트에 대한 신앙적 이해를 심화해 가려고 합니다.

앞서 말한 누가복음 본문15:11-32을 참고하면서 설명하겠습니다.

1. 중세 교회 미술

고대 기독교 미술에서 곧잘 그려진 것은 '지혜로운 여인과 어리석은 여인' 그리고 '선한 목자' 등의 테마였습니다. 이에 반해 '돌아온 탕자'의 비유는 중세에 이르기까지 그려지지 않았던 모양입니다. 그것은 이 비유가 '지혜로운 여인과 어리석은 여인'과 같이 종말론적인 특징을 나타내고 있지 않기 때문일 것입니다. 아니면 '선한 목자'와 같이 직접적으로 기독교적 비유와 상징에 결합된 초월적 요소가 결여되어 있었기 때문인지도 모르겠습니다. 혹은 가장 단순한 이유로, 초기에 그려진 그림을 분실해 버렸기 때문일지도 모르겠습니다.

어쨌든 돌아온 탕자를 다룬 그림은 11, 12세기의 비잔틴 고사본 가운데 처음으로 나옵니다. 이들 비잔틴 고사본 <u>그림 2</u>의 경우, 성서 텍스트를 구체적으로 설명하는 삽화로서 텍스트 중앙 또는 난외에 놓여 있습니다. 그 묘사가 극히 웅변적임에 놀라지 않을 수 없습니다. 이야기에서 드러나는 외적인

▲ 그림 2_비잔틴 고사본(11세기)

▼ 그림 3_돼지 옆에 앉아 있는 탕자(부르주 성당, 13세기)

사건의 전개가 이어져서 그려져 있습니다. 텍스트를 읽어 나감에 따라 이 비유를 한층 정확하게 설명하기 위해 그려진 것입니다.

12세기에 접어들면서 서방 교회의 사본에도 나타나고, 중세 미술에서는 즐겨 그리는 테마의 하나가 되었습니다. 13세기에는 이미 샤르트르와 부르주를 비롯한 대성당의 스테인드글라스를 장식하는 일련의 이야기로 다뤄지고 있습니다.

예를 들어 부르주의 스테인드글라스의 경우, 탕자가 지면에 앉아 있는 모습으로 시작됩니다. 턱에 얼굴을 괴고 깊은 사색에 잠겨 있는 모습입니다. 그림3 자기 자신에게 '돌아가는' 것이야말로 이어서 일어날 사건(아버지 집으로의 귀환과 재회)의 전제가 되고 있습니다. 중세 기독교 미술에서는 같은 스타일로 '돌아온 탕자'를 그린 예가 많다는 것이 알려져 있습니다. 이들의 미적 표현에서 나타난 '돌아온 탕자'의 해석을 보면, 중세 전체를 통해 고대 교부들의 영향이 압도적으로 컸던 것 같습니다. 예를 들어, 도살되는 작은 송아지를 십자가에 달린 예수의 희생의 '모형'으로서 이해하고, 아버지 집에서 벌이는 '잔치'를 성만찬으로 파악하는 해석입니다. 대표적인 예를 몇 가지 소개해 보겠습니다. E. 페터, 《돌아온 탕자》, 1955년.

13세기 초엽에 만들어진 고즈라의 《성복음집》그림4에는 이 비유를 묘사한 독일 미술 최초의 훌륭한 세밀화가 있습니다. '돌아온 탕자' 이야기를 담은 두 개의 장면은 누가복음 서두눅 1:5의 이니셜이 장식 문자로 새겨진 'F'자에서 발견되었

그림 4_고즈라의 《성복음집》
(1230~1240년)에서

습니다. 이 문자의 형태로 틀이 새겨진 두 개의 화면에 돌아온 방탕한 아들의 아버지의 집을 향한 귀환과 축하연이 그려져 있습니다.

이 그림의 아래 부분에서 위엄을 갖춘 아버지가 왼손으로 잡고 있는 긴 면포에는 아버지의 명령이 라틴어로 기록되어 있습니다. "제일 좋은 옷을 내어다가 입히고 손에 가락지를 끼우고 발에 신을 신기라"눅 15:22. 한 사람의 종은 호의적인 자세로 방탕한 아들의 왼쪽 손가락에 반지를 끼워 주고 있습니다. 이 종의 왼손에는 탕자에게 입히기 위한 '제일 좋은 옷'이 들려 있습니다. 또 한 사람의 종은 꿇어 엎드린 자세로 새 신을 신기려 하고 있습니다. 방탕한 아들은 긴장된 얼굴로 아버지의 진지한 표정을 바라보고 있습니다. 아버지의 얼굴은 시종일관 동정과 연민을 띤 채 긴박감이 흐르고 있습니다.

위 부분의 축하연 장면 또한 축제적인 동시에 깊은 진정성이 넘쳐흐르고 있습니다. 도상학적으로 나타난 신기축新機軸, 새로운 기법은 의연한 자세로 테이블 한가운데 앉아 있는 아버지의 좌우에 두 아들이 자리해 있다는 점입니다. 이는 성만찬화와 통하는 구도입니다. 아버지의 모습은 주 예수 그리스도를 떠올리게 합니다. 여기에는 구원 사건과의 관련성이 그다지 확연히 나타나 있지 않습니다. 그러나 아버지의 용서가 축하되고 있는 것은 하나님과 인간 사이의 화해와 결코 분리되어 있지 않을 것입니다.

테이블 아래에서는 종들이 격한 몸짓으로 '송아지'를 잡고 있습니다. 악사 두 사람은 잔치를 흥겹게 하기 위해 연주하고 있습니다. 그들의 모습은 매우 작게 그려져 있어 테이블 가장자리에도 미치지 못할 정도입니다. 그들의 존재는 한층 중요한 의미를 띠는 잔치에 있어서 의도적으로 낮은 위치에 지정되어 있습니다. 누가복음 전체가 '돌아온 탕자'의 비유를 나타내는 세밀화와 함께 시작되는 것은 참으로 시사적입니다. 그것은 돌아온 탕자의 귀환 가운데에서 인류의 구속사적 사건을 본 고대 교부의 성서 해석에 근거한 것이 아닐까 생각됩니다. 잔치 그림을 서두에 놓은 특별한 위치 설정은 이 장면을 통해 '하나님과 인간의 화해'라고 하는 사상을 전하기 위함이 아닐까요. 이것이야말로 이 비유가 말하려는 복음의 본래적 내용이기도 하기 때문입니다.

이 비유 전체에 대해 고대 교부적인 우의적 해석을 한층 자세하게 나타낸 것은 13세기 중반에 사망한 생 셰르의 후고가 고찰한 《교훈성서》일 것입니다. 거기에는 성서 텍스트를 구체적으로 설명하고 그 영적 주해를 뒷받침하는 5천 개 이상의 세밀화가 있습니다.

그림 5_《교훈성서》(13세기)에서

그림 6_《교훈성서》에서

따라서 중세 삽화 예술의 정점을 나타낸다고도 평가되고 있습니다. 이들 삽화는 유형적·도덕적인 수법으로 그려져 있습니다. 한 페이지에 여덟 개의 동그란 액자 삽화가 배치되어 있습니다. 그중 네 개의 그림은 성서의 사건을 말하고, 나머지 네 개는 그 사건을 영적으로 설명하는 형태를 취하고 있습니다. 돌아온 탕자에 관한 한두 개 장면을 살펴보겠습니다.

돌아온 작은아들에게 새 옷을 입혀 주는 장면그림 5의 맨 위의 밑에는 세례를 받고, 나아가 도미니코회 수도사 한 사람이 교육하고 있는 장면이 그려져 있습니다. 난외에 덧붙인 설명에 의하면 '가장 좋은 옷'은 세례에 의한 죄 사함, '반지'는 신앙, '구두'는 성인들의 모범적인 삶의 방식에서 취한 좋은 가르침을 의미한다고 되어 있습니다. '송아지'를 죽이는 것은 세 번째 삽화에서 말하는 것과 같이 '그리스도의 십자가'를 유비하고 있습니다. 그것은 아버지이신 하나님이 우리 죄를 용서하기 위해 그리스도를 죽음에 넘기셨다는 사실에 의한다고 여겨지기 때문입니다.

최후의 장면에서는 귀환을 축하하는 '축하연'에 이어 아버지가 형을 달래려고 애쓰고 있습니다 그림 6 상단. 커다란 낫을 어깨에 메고 있는 형은 일터에서 지금 막 돌아온 모양입니다. 주석에 의하면 형은 이방인의 회심을 질투하지만 마지막 때에 주님의 은혜로 올바른 신앙을 발견한 유대 민족으로 비유되고 있습니다. 아래로 이어지는 삽화는 그리스도와 유대인

탕자의 정신사

그림 7_엘리자베스교회의
태피스트리(15세기)에서

들(그들이 쓴 원추형 모자에 의해)을 나타냅니다. 구름 위에서
도 이 일을 크게 기뻐하고 있음을 알 수 있습니다.

 또 하나 유명한 마르부르크의 엘리자베스교회의 태피스
트리絨毯, 그림 7 도 살펴봅시다. 이 작품은 15세기 초엽의 것으
로 여덟 개의 화면으로 구성되어 있습니다. 아버지의 재산을
받는 것에서 시작하여 하인을 데리고 출발한 것, 유녀遊女 들
과의 만남, 목욕, 유녀들의 집에서 쫓겨남, 돼지를 침, 귀환과
축하연의 순서로 그려져 있습니다. 라틴어 텍스트가 각각의
장면을 설명하고 있습니다. 화면은 2단으로 나누어 배열되어
있는데, 하단에는 각각 상단에 그려진 것과 정반대의 정경이
그려져 있습니다.

첫 번째 장면에서, 탕자는 돈이 들어 있는 커다란 주머니를 아버지로부터 받아 들고 있습니다. 그의 얼굴에서 기쁨에 가득 찬 기대를 읽을 수 있습니다. 그의 뒤에는 여행을 시중드는 종의 모습도 그려져 있어서, 아버지의 재산과 유산이 실로 막대함을 시사하고 있습니다. 이와 대조적으로 그 장면의 아래에는 곤봉을 든 유녀들에게 쫓겨나는 탕자의 모습이 그려져 있습니다. 이어지는 우측 장면에서는 탕자가 종과 함께 재빨리 말을 타고 출발하고 있습니다. 그러나 그 아래 장면에는 그가 몰락한 모습으로 누더기를 걸친 채 돼지를 치고 있습니다.

주위를 둘러싸고 있는 폭넓은 그림의 가장자리에는 양식화된 덩굴과 꽃 문양이 그려져 있고, 그 사이에는 탄생에서 죽음에 이르는 인생의 전형적인 국면이 그려져 있습니다. 상단 가장자리에는 기저귀를 차고 어머니 손에 안겨 있는 어린아이, 점점 자라서 세발자전거로 걷기를 배우기 시작하는 어린아이의 모습이 보입니다. 나아가 상단 가장자리의 우측에 이어지는 장면에서는 그 아이가 팽이 돌리기 놀이를 배우고 놀며 학교에서 배우는 시대(칠판에 ABC 문자도 보입니다), 나아가 독수리 사냥이라든지 마상시합, 연애 관계의 장면으로 이어져 갑니다(단, 이다음에 이어져 장년 시절의 생활 장면을 보여 주리라 예상되는 하단의 가장자리는 그려져 있지 않습니다). 화면 좌측 가장자리에는 수염을 기른 병상의 노인이 있고, 한 여성이 그를 돌보고 있는 모습이 보입니다. 조금 떨어져 그려진 두 개의 십자가는 죽음과 묘지를 상징하고 있습니다.

이 엘리자베스교회의 그림은 옛날에는 성찬식 때 본 제단 앞 마루 위에 펼쳐져 있던 것입니다. 가장자리 구석에 놓인 두 개의 상징은 성찬식과의 관계를 암시하는 장치일 것입니다. 즉 좌측 상단 구석에 그려진 승리의 십자가를 든 숫양과, (여기에는 나타나 있지 않지만) 우측 상단 구석에 그려진 새끼를 데리고 있는 펠리칸입니다. 자기 가슴에 상처를 내어 새끼에게 피를 먹이는 펠리칸은 그리스도의 희생적 죽음을 상징합니다. 세상 죄를 짊어진 어린 양도 이와 같습니다.

이렇게 보면 이 그림이 의미하는 바는 명료합니다. 인간의 모든 생애는 '돌아온 탕자'의 생애와 결합되어 있는 것입니다. 이 그림을 밟고 제단으로 나아가는 사람은 회개하여 아버지의 집으로 돌아가 하나님께 용서를 받는 자가 되는 것입니다. 이렇게 하여 고대 교부들의 성서 해석은 후기 중세에서도 영향력 있는 규범이 되어 있었음을 알 수 있습니다. 그것은 인생의 경험 전체에 훨씬 긴밀하게 연결된 방식으로 타당했던 것입니다.

15세기 말 바젤에서 출판된 요하네스 메다의 고난 주일을 위한 《설교집》은 '돌아온 탕자'의 비유를 주제로 하고 있습니다 이 책 125면 참고. 메다는 50편의 설교에서 이 비유 장면을 순서대로 다루면서 인간 구원의 길을 제시하려고 했습니다. 거기에는 설명을 위한 16개의 목판화가 덧붙여져 있었습니다.

이 삽화는 그 당시 유명했던 《바보배》1494년의 저자 세바

그림 8_메다의 《설교집》(15세기 말)에서

스찬 브란트 그룹과 밀접한 화가가 그린 것으로 추정됩니다. 중세 말기에 이르면, 퇴폐한 일상생활과 교회적 신앙의 괴리라는 문제는 의식 있는 사람들에게 확연히 감지되게 됩니다. 시대의 악덕과 우매에 대한 브란트적 풍자에 사람들은 갈채를 보냈습니다. 그들 대부분은 세속 사회의 현실에 냉소적인 시각을 가지고 조소하는 것으로 그쳤을지도 모릅니다. 그러나 이 목판화는 풍자에 그치지 않고 사람들에게 자기 자신을 성찰하고 하나님께 돌아올 것을 호소하고 있습니다.

그러나 이 텍스트와 삽화에는 여전히 '돌아온 탕자'의 비유를 둘러싼 오래된 전통적 해석의 모티브가 확실히 드러나 있습니다. 예를 들면 고난 주일의 설교에서는 도살된 '송아지'가 상징적으로 그리스도와 동일시되어, 예수의 수난 사건이 '돌아온 탕자'의 비유에 들어갈 가능성이 시사되어 있었던 것입니다.

삽화에서는 탕자가 사도들과 함께 성만찬에 참여하고 있습니다 그림 8 상단 좌측. 아버지 집에서의 축하연이 성만찬으로 유비되어 그려져 있던 고즈라의《성복음집》삽화와 서로 통한다고 하겠습니다.

주의를 끄는 것은 이 일련의 목판화의 모든 장면에 천사가 그려져 있는 점입니다. 천사는 '돌아온 탕자'의 여러 가지 상황 속에서 문제들을 의론과 반론의 형태로 숙고하게 하는 존재입니다. 이 천사를 통해 독자는 인간의 '수호천사'를 읽어낼 수도 있을 것입니다. 실제로 16개 그림의 모든 장면에서 천사는 탕자의 옆에 서서 그에게 경고하고 충고하며 조언하고 있습니다.

예를 들면, 이 세상을 향해 여행을 떠나는 기로에 선 탕자 앞을 가로막고 서서 천사가 경고합니다 <u>그림 8 상단 우측</u>. 유녀들의 집에서 즐기고 있는 탕자의 귀 언저리에서 천사는 그곳에서 빨리 떠날 것을 충고하고 있습니다 <u>그림 8 하단 좌측</u>. 돼지를 치면서 비참할 대로 비참해진 탕자에게 아버지의 자비와 사랑을 기억하게 하며 귀향의 결의를 촉구하고 있습니다 <u>그림 8 하단 우측</u>. 아버지의 집에서도 축하연 테이블 옆에 서서 탕자에게 설명해 주고 있습니다. 이 천사의 오른손은 아버지의 자리에 앉아 있는 그리스도를 가리키고 있는 것 같기도 합니다 <u>그림 8 상단 좌측</u>. 사실 이 목판화는 수호천사가 인생의 도상에서 호의로 충만한 인간의 동반자임을 나타낸 가장 오래된 작품이라고도 합니다.

2. 종교개혁 시대의 '돌아온 탕자'

— 뒤러와 히에로니무스 보스

뒤러의 '돌아온 탕자'

1498년 제작된 뒤러의 동판화 〈돌아온 탕자의 회심〉은 중세에서 근세로의 전환을 나타내는 작품이라고 할 수 있습니다. 단 이 그림의 제작 연대에 대해서 연구자들 사이에 1494년 설부터 1498년 설까지 의견이 분분합니다.

어쨌든 시대 그 자체도 불안과 혼란으로 가득 차 있었습니다. 기근, 전쟁, 역병이 사람들의 생활을 위협하고 빈부의 대립도 사회 전반에 확산된 불만의 원인이었습니다. 이러한 세기말의 분위기는 계시록적 종말의 비전을 환기시켜, 사람들을 일상생활에서 순례의 여행으로 내몰았습니다. 뒤러 자신도 유명한 '묵시록'의 목판화 연작을 같은 해에 제작했습니다. 죽음과 심판의 불안에 떠는 사람들에게 보내는 뒤러의 대답이 바로 이 '돌아온 탕자의 회심'이었습니다.

이 동판화는 누가복음서의 농촌이 아니라 프랑켄 지방 농가의 마당으로 장면을 설정하고 있습니다. 뒤러의 이러한 설정은 고대 교부 암부로시우스의《누가복음서 주해》의 해석에 근거할 거라고도 합니다 F. 안젤프스키. 그러나 전체적으로 교부적 해석에 매이지 않는 뒤러의 표현이 주목할 만합니다. 나란히 늘어선 가옥의 지붕이 높이 솟아 있는 마당에서, 탕자는 맨발인 채로 진흙 속에 무릎을 꿇고 있습니다. 사료 통에 모여 있는 돼지들에게 둘러싸여서 말입니다. 조금 떨어진 곳에

는 퇴비를 휘저으면서 먹이를 찾는 한 마리 수탉도 보입니다. "탄식하며 돼지 옆에 서 있는 것이 아니라……말 그대로 동물과 같은 자세로 낮아진" 탕자의 모습이 깊은 인상을 주고 있습니다 E.파노프스키, 《알브레히트 뒤러》, 나카모리·시미즈 공역, 니치보출판사.

그림 9_뒤러의 〈돌아온 탕자의 회심〉(1498년)

이 마당에는 그 외에 누구의 모습도 보이지 않습니다. 마당을 둘러싼 집들의 대문은 굳게 닫혀 있습니다. 이 낯선, 아니 적의로 가득 찬 주변 세계로 들어가는 통로는 어디에도 없는 것 같습니다. 절망적인 고독감이 보는 사람의 마음을 날카롭게 찌르고 있습니다. 이때 탕자는 비로소 아버지의 집을 버리고 떠난 것이 무엇을 의미했나를 자각하는 것입니다. 깊은 후회가 엄습하여 신음 소리를 내며 무릎이 꺾이는 순간이 표현되어 있습니다. 머리카락이 길게 자라난 머리를 조금 앞으로 숙이고 어느 '마주

보고 있는 분'K. 카렌제에게 눈을 향하고 있습니다.

이분은 눈에 보이지는 않지만 분명히 존재하고 있습니다. 이러한 모든 것 위에 초월하는 동시에 이 좁은 마당 안에도 엄연하게 존재하고 있는 것입니다. 이분이 이 비참함의 한복판에, 이 가축들의 먹이통 옆에 계심을 신뢰하도록 우리는 허락받고 있습니다. 탕자는 그분을 향해 (서로 겹쳐진 집들의 배후에 교회의 첨탑이 보입니다) 하늘 아버지인 하나님을 향해 양손을 맞잡고 있습니다. 이 기도하는 모습에서 뒤러는 이 비유가 말하는 신비로 가득 찬 목표를 투명화처럼 표현하고 있는 것입니다.

이 그림에는 예수의 비유에 대한 화가 자신의 시각이 나타나 있다는 견해도 있습니다. 그렇다면, 이 그림은 자전적인 특징을 띠고 있다고 볼 수 있을 것입니다. 과연 이 탕자의 모습 안에 뒤러가 자화상을 나타낸 것인가, 그것은 명확하지 않습니다. 그러나 그가 모든 인간의 (따라서 뒤러 자신도 포함해서) 죄책과 운명을 이 비유에서 예민하게 감지하고 그것을 그리려고 한 것은 확실합니다. 예술가가 그 작품의 인물을 자기 자신과 동일시한다는 것은 (예를 들어 후대의 렘브란트와 같이) 이것이 유일한 예는 아니었다 하더라도, 아마 최초의 예라고 할 수 있을지 모르겠습니다. 그러한 의미에서도 여기에는 중세 교회 미술에 대해 완전히 새로운 '근대적' 계기가 태동하고 있다고 할 수 있습니다.

어쨌든 뒤러는 이 동판화를 통해, 죄인에게도 아버지의 용서가 주어진다는 것, 자녀로서 또다시 받아들여질 수 있다는 것, 벌이 아닌 새로운 생활을 기대할 수 있다는 점을 나타내고 있습니다. 많은 사람들이 경건한 자선과 순례와 속죄에 대한 수련 등에 의해 하나님의 노여움을 피하려 했던 세기말의 불안 속에 있을 때, 이 동판화는 분명히 말하고 있습니다. 그러한 모든 '선행'은 하나님 앞에서는 무익하고, 잃어버린 아들인 채로 머무는 것이 된다고 말입니다. 그리고 그 대신 기도하는 것이야말로 하나님이 요구하시는 것이라고 말하고 있습니다.

기도하면서 하나님을 향해 방향을 바꾼다면 하나님은 용서하고 받아주실 것이라는 메시지를 담고 있는 이 그림에는 "그리스도인이 해야 할 일은 기도하는 것이라는, 훨씬 후대의 루터의 발언이 이미 들리고 있다"G. 비타언더스, 《알브레히트 뒤러의 신학사상》, 1976년는 것입니다. 사실 이 그림에서 희미하게 비춰지는 내면성의 파토스는 종교개혁시대의 언어와 서로 통하는 면이 있습니다. 아니 탕자의 굳게 맞잡은 손과 우러러보고 있는 진실한 시선을, 그 발밑의 진흙탕과 비교해 보면 이 비유의 내적인 진실함이 그림 전체에서 체험됨을 실감할 수 있습니다.

보스의 돌아온 탕자

뒤러의 동판화가 나오고 20년이 채 안 되어, 아직 종교개혁 전야인 무렵 히에로니무스 보스의 '돌아온 탕자'가 제작되었습니다. 그것은 회한에 사무친 한 남자가 아버지의 집으로 돌아가려는 모습을 그린 것입니다. 보스의 작품 가운데서도 가장 깊은 감동을 주는 작품의 하나로 평가되고 있습니다.

원래 이 그림은 세부에 그려진 여러 가지 모티브와 함께 여러 가지 수수께끼를 내포하고 있습니다. '돌아온 탕자'를 그린 것이 아니라는 유력한 의견도 있습니다. 등 뒤에 지고 있는 등짐은 예수의 비유 어디에도 나오지 않는 것입니다. 여기서 단순히 부랑자나 행상인을 그린 것이라는 해석도 나오고 있습니다. 이 등짐뿐만 아니라 그림의 세부를 한 층 더 상징적으로 해석해 보려는 시도도 있습니다.

그림 10_히에로니무스 보스의 〈돌아온 탕자〉(1510년)

이 남자의 표정을 살펴봅시다. 마른 몸에다 볼도 움푹 들어가 있고, 잿빛의 긴 머리털이 회색의 두건 사이로 흘러내리고 있습니다. 굳게 다문 입은 거만하지도 않고 비굴하지도 않습니다. 오히려 그 눈으로 인해 그가 어떤 소식을 받은 사람이라고 생각하게 됩니다. 그는 의지해야 할 고향을 잃어버린 뿌리 없는 풀과 같은 존재인 것입니다.

종교적 박해가 끊이지 않던 이 시대, 네덜란드에서는 이단으로 박해받던 카타리파의 기억이 선명했던 것 같습니다. 쫓겨난 카타리파 사람들은 행상인으로 변장하고 바늘이나 스푼 등을 팔고 다니며 그들의 가르침을 전하려 했다고 합니다. 이 그림 속의 남자가 몸에 지닌 물품, 스푼이나 모자를 고

정시키는 핀, 행상인의 보따리, 마른 가지에 앉아 있는 올빼미 등으로부터, 보스가 이 그림에서 카타리파의 혁명적인 가르침을 떠올리게 하려고 한 것이 아닌가 하는 대담한 추론도 제기되고 있습니다.

한층 대담하게, 이 그림을 통해 보스 그 자신을 비밀결사인 '장미십자회원'으로 보는 견해도 있습니다. 이때 뚜껑이 있는 등짐의 내용물은 '영혼의 짐', 즉 이 지상의 삶에서 자신의 성벽이나 향락욕 등을 위해 저축해 두었던 모든 것이라고 간주되고 있습니다. 그렇게 말하면, 발목을 묶은 하얀 천도 '마법의 매듭'이고, 일곱 마리의 돼지와 함께 장미십자회의 비밀스러운 상징을 떠올리게 한다고 해석되는 것입니다. 그렇다면 감시하는 듯한 자세를 취하고 있는 '개'(보스의 그림에 종종 등장하는데)는 이단을 쫓는 교황청의 사냥개인 도미니크회를 암시하는 것은 아니겠는가R. 슈다, 《히에로니무스 보스—시대와 작품》, 1991년 등등의 해석이 있습니다.

대단히 재미있는 해석이지만 다소 무리 있는 접근인 것 같습니다. 확실히 세부를 보면 주목할 만한 많은 모티브가 숨겨져 있습니다. 그러나 여기서는 기본적인 사항만을 분석해 봅시다. 보스는 예수의 비유의 각 장면을 충실히 재현하는 것을 의도하지는 않은 것 같습니다. 오히려 '돌아온 탕자'의 인생 여정을 전체적으로 바라보게 해주려고 합니다. 보스는 탕자를 지평선 저쪽에 있는 아버지 집으로부터 끌어내서 좌측 끝에 있는 유녀들의 집으로 향하는 잘못된 길을 거쳐 비참한 생활을 맛보게 한 후, 다시 새로운 인생길을 걷는 귀향의 여정으로 연결시키고 있습니다.

탕자의 낡은 상의는 지난날의 화려한 시절을 추측하게 합니다. 이미 바지는 찢어져 있습니다. 흥미로운 것은 양쪽 신발이 다르게 그려져 있는 점입니다. 이것은 인간이 서로 다른 두 세계에서 행동하는 모습을 암시하는 것 같습니다. 먹이통의 돼지 떼는 그의 지난날의 밑바닥 생활을 연상하게 해주는 대상일 것입니다.

그림 왼쪽 구석에 세워진 무너져 가는 요정(백조의 요정이라고 하는 것 같습니다)은 유녀들의 집입니다. 입구의 처마에 매달려 있는 새장이 그것을 암시하고 있습니다. 화면을 넓게 점하고 있는 탕자는 이 평판 나쁜 장소를 지금 막 뒤로한 채 떠나고 있습니다. 그의 뒷모습을 쫓고 있는 여성의 얼굴도 보입니다. 뒤러의 동판화와 마찬가지로 여기에도 수탉 한 마리가 퇴비 위에서 먹이를 쪼고 있습니다. 민중의 이미지에서 수탉은 음란함의 상징으로 여겨지고 있었던 모양입니다.

탕자는 다시 한 번 뒤를 돌아봅니다. 그의 인생에 있어 암흑의 측면에서 등을 돌리고 새로운 빛의 생활을 지향하려 하고 있습니다. 탕자의 회개가 일어난 것입니다. 이러한 관점에서 보면 전체적으로 거의 흑백화에 가까운 색조도 암시적입니다. 탕자의 의복이 회색인 것도 '베옷을 입고 잿더미를 뒤집어쓰는'마 11:21 회개의 상징으로 연결될지도 모릅니다. 지혜의 새인 올빼미는 죽음과 그것을 극복하는 지혜를 상징하는 대상일 것입니다. 여기서 올빼미는 여행을 떠나는 사람의 머리 위에서 멸망으로부터 생명으로 길을 돌릴 것을 호소하고 있는 듯합니다.

건너편 언덕과 들판에는 신록이 펼쳐져 있고, 햇빛을 받은 먼 지평선 주위에는 그리운 아버지의 집도 보입니다. 바로 옆의 나무 문 뒤로 보이는 붉은 소도 상징적입니다. 보스는 구약성서에서 희생 제물이 되는 "흠이 없고 아직 멍에 매지 아니한 붉은 암송아지"민 19:2를 생각하고 있는 것 같습니다. 그것은 예수의 희생에 의한 용서와 연결됩니다. 여행을 떠나는 탕자의 배후에서 이 나무 문이 닫힐 때, 죄의 과거는 정말로 사라진 것이 되고 새로운 미래의 인생이 열리게 되는 것입니다.

종교개혁적 해석

종교개혁의 격동 가운데 돌아온 탕자의 비유는 설교, 특히 연극을 통해 크게 보급되었습니다. 대표적 예로 종종 인용되는 것은 이 책의 2부에서 상세히 소개하는 부르카르트 발디스의 연극 〈돌아온 탕자의 비유〉1527년입니다.

발디스는 신앙과 행위라는 테마를 주제로 다룸으로써 하나님의 은혜에 의한 구원이라는 복음주의적인 해석을 강조하고 있습니다. 이때 그는 중세에 지배적이었던 고대 교부의 전통적인 해석을 타파합니다. 즉 그때까지는 유대인으로 간주되던 형을 가톨릭 교리의 대표자로 보고 동생을 프로테스탄

◀ 그림 11_발디스의 《돌아온 탕자의 비유》 (1527년) 속표지
▶ 그림 12_안토니스의 《루터 파 교회에 받아들여진 탕자》

트로 상정하는 새로운 해석을 시도한 것입니다.

이 초판 텍스트의 삽화는 드라마가 호소하려는 내용을 요약해서 보여 주고 있습니다. 비유와 드라마에서 본래의 주역인 아버지는 돌아온 탕자를 바라보고 있습니다. 후회와 경외심으로 몸을 낮추어 아버지 앞에 무릎을 꿇는 탕자에게 아버지는 호의를 나타내는 증표로서 반지를 끼워 주려 하고 있습니다. 좌우의 종들은 각자 새로운 의복과 신발을 들고 있습니다. 집안에서는 이미 축하연 준비가 시작되고 있겠지요. 아버지의 주위에 선 종이 어깨에 메고 있는('선한 목자'의 포즈로) 송아지는 화해와 구원을 위한 예수의 희생을 암시하고 있습니다 <u>그림 11</u>.

발디스가 이 드라마의 신학적 논쟁에서 말하려는 것처럼 모든 것은 '참으로 신의 자비와 은총으로부터, 우리의 어떠한 업적이나 조력 없이' 가능해진 것입니다.

종교개혁적 교리를 한층 더 명확히 나타낸 목판화 연작으로 16세기 네덜란드의 코르넬리스 안토니스의 작품 그림 12이 있습니다. 여기서는 비유에 대한 삽화로 끝나는 것이 아니라, 일련의 우의적 인물들이 등장하여 내용을 알기 쉽게 설명하는 형태를 취하고 있습니다.

예를 들면, 목판화의 마지막 장면에서는 회개한 탕자가 루터파 교회에 받아들여진 모습을 묘사하고 있습니다. 탕자를 포옹하고 있는 여성은 종려나무 잎을 손에 들고 '평화'를 표현하고 있습니다. 손에 저울과 검을 들고 있는 '정의', 꽃을 가진 '희열', 하프를 연주하는 '견실' 이 세 사람이 탕자에게 인사하고 있습니다. 또 한 명의 자식인 형은 (유대인과 가톨릭 교회를 대표하는 존재로서) 현관에 서 있습니다. 아버지는 그를 교회 안으로 들어오라고 하고 있습니다.

이 교회당 가운데 제단 위에는 예수의 십자가가 (그 옆에 강도의 십자가와 함께) 보일 뿐입니다. 그 앞에서는 루터파 교회의 두 가지 성례, 즉 세례와 성만찬이 행해지고 있다는 취지입니다. 그러나 회화에 의해 교리를 설명했을 뿐인 우의적인 목판화에서는 뒤러나 보스가 갖는 근대성을 잘 찾아보기 어렵습니다 W. 호프만 편,《루터와 예술적 귀결》, 1983년.

3. 렘브란트의 '돌아온 탕자'

렘브란트의 작품 '돌아온 탕자', 특히 최만년의 유채화〈탕자의 귀환〉, 1668/1669년를 통해 이 비유는 미술사에서 정점에 이릅니다. 렘브란트는 자비와 사랑으로 가득한 아버지의 모습을 대단히 내면적으로 그려 내고 있습니다.

중세 예술에서 탕자의 귀향은 종종 정신사적 과정의 일환으로서 초월적인 세계로 옮겨져 가곤 했습니다. 그러나 렘브란트는 우리에게 구원 사건을 '현재화'해서 파악하도록 요구하고 있습니다. 그것은 렘브란트 자신의 관심사이기도 했던 것입니다. 때문에 그는 젊은 시절부터 만년에 이르기까지 이 테마를 계속 그렸습니다. 그는 '돌아온 탕자'를 그 생애의 각각의 단계에 입각해서 그려 놓았습니다. 출발과 작별 장면은 대략 4회, 아버지 집으로의 귀향은 7회, 전체로서는 20장 정도 이 비유를 그렸습니다. 이제부터 대표적인 네 장면을 순서대로 살펴보겠습니다.

출발과 몰락

탕자의 출발. 비교적 초기의 펜화 1632/1633년 는 탕자가 아버지 집에서 떠나가는 장면을 묘사하고 있습니다. 출발의 분주함이 장면에 가득합니다.

탕자는 안장이 놓인 말에 지금 막 타려는 중입니다. 그리고 한 하녀(어쩌면 어머니일지도 모르지만)가 마지막 작별의 술잔을 건네주고 있습니다. 뭔가를 물어보고 싶어 하는 듯한 얼굴에는 다가오고 있는 무엇인가를 예감한 듯 불안과 염려로

그림 13_렘브란트의 〈탕자의 출발〉 (1632/1633년)

가득 차 있습니다. 그로부터 조금 떨어진 곳에 아버지가 조용히 서 있습니다. 여행을 떠나려는 탕자는 생의 환희와 기대가 넘치는 것 같습니다. 그의 모자 위에 장식된 깃털이 그 점을 상징하고 있습니다. 개는 마치 사태를 파악하고 있는 듯, 젊은 주인이 여행을 떠나지 않도록 하기 위해 말 앞에서 달려들려는 자세로 기다리고 있습니다.

마치 대지에 뿌리를 내린 것처럼 가만히 서 있는 아버지는 무슨 일이 일어날 것인가를 확실히 예감하고 있는 듯합니다. 그에게는 풍부한 인생 경험이 있습니다. 세상에 대해, 세상의 움직임에 대해, 인간을 위협하는 안팎의 위험과 유혹에 대해 잘 알고 있었던 것입니다. 아들이 경고를 무시하고 출발한다 하더라도, 아버지는 아들을 마음에 품고 걱정하지 않을 수 없습니다. 이 작별의 순간을 넘어서 아버지는 여전히 그

의 아버지일 것입니다. 아버지의 사랑은 멈추는 일이 없습니다. 믿기지 않을 정도의 인내를 가지고 아버지는 아들을 계속 기다릴 것입니다. 숱한 어둠의 날과 밤을 넘어 언젠가 돌아올 그때까지.

아버지와 여성 사이에 보이는 얼굴은 형일까요? 동생을 이해할 수 없다는 표정이 확연히 드러나 있습니다. 그는 밭일의 노동과 근면만을 알고 있습니다. 하루 그리고 또 하루의 의무로 가득 찬 일이 이어지는 것입니다. 어렵사리 일해서 모은 재산을 낭비하는 것은 그에게는 결코 있을 수 없는 일입니다. 말도 안 되는 그런 경박한 생활을 하는 일은 결코 일어나지 않을 것입니다. 늘 아버지 곁에 머물러 그 계명을 지키는 것만을 알고 있을 뿐입니다.

자랑스럽게 아버지의 집을 출발하는 젊은 이를, 우리는 다음으로 축하연 장소에서 발견할 수 있을 것입니다. 이 펜화 〈탕자와 유녀들〉 1635년경에서는 유녀들과 세속적인 가곡을 함께 부르고 있습니다.

▲ 그림 14_렘브란트의 〈탕자와 유녀들〉(1635년경)
▼ 그림 15_렘브란트의 〈술집의 탕자〉(1636년경)

유녀 한 사람은 그의 무릎 위에 앉아 있고 다른 한 사람은 악기를 연주하고 있으며, 요리를 운반해 오는 사람도 있습니다. 이것과 같은 깃털로 장식된 모자는 렘브란트가 사스키아와 결혼한 직후 그린, 보다 유명한 유화 〈술집의 탕자〉 자화

그림 16_렘브란트의 〈탕자와 돼지 떼〉(1647/1648년)

상에서도 발견할 수 있습니다.

렘브란트 자신이 유녀 집에 있는 탕자로 그려져 있습니다. 검을 찬 장교 복장을 하고 술을 가득 따른 잔을 오른손으로 높이 추켜 올린 채. 그의 무릎에 안긴 사스키아가 유녀 역을 하고 있는 것은 상당히 기묘하게도 생각 됩니다. 옆 테이블에는 공작 고기가 들어간 파이와 그 외의 음식이 차려져, 아버지의 유산을 탕진해 버렸다는 예수의 비유와의 연관성이 잘 표현되고 있습니다.

그의 아내 사스키아를 함께 그린 이 자화상을 과연 돌아 온 탕자로 보아도 좋은가 하는 질문도 물론 없지는 않습니다. 그러나 이 비유의 중심적인 모티브, 즉 어떠한 사람도 자신을 탕자와 동일시할 수 있고 또 동일시하지 않으면 안 된다는 사 실에 비추어 보면, 당시 예술가에게 이러한 부정적인 역할을 하게 하는 자화상을 그리는 것은 결코 특별한 일은 아니었습 니다. 렌트겐 조사 결과, 이 그림에서 덧칠하기 전의 밑그림이 밝혀졌습니다. 수정된 여러 가지 변경 사항 가운데서 특히 중 요한 것은 원래 제3의 인물이 그려져 있었다는 것, 그것도 상 반신 나체의 여성이 류트를 연주하는 모습이었다는 점입니다. 이는 앞의 펜화 모티브와 공통된 주제를 나타내는 것입니다

C. 그림, 《렘브란트 자신―그 초상 예술의 새로운 평가》, 1991년.

다음 장면은 돌아온 탕자가 사회의 가장 밑바닥에까지 떨어진 모습을 나타내고 있습니다. 이것은 사스키아 사망 후

1640년대 후반에 그린 작품입니다. 거의 모든 부차적인 정경을 생략하고 극소한 펜화의 터치로 문자 그대로 영락零落한 한 사람의 패배자를 그리고 있습니다. 돼지 떼 사이에 있는 나무로 된 먹이통 앞에 무릎을 꿇고 앉은 그는 지팡이 위에 두 손을 모으고 있습니다. 예수의 비유의 정확한 본문이 생각나지 않더라도, 여기에서 무릎을 꿇고 있는 자의 마음속에 오가는 심정을 추측하기에는 별 어려움이 없을 것입니다. 즉, 거의 사라져 버린 아버지의 세계를 떠올리며 고향에 돌아가려는 결의가 자각되어 오고 있는 것입니다.

귀향과 재회

드디어 귀향과 재회 장면 <u>그림 17</u>입니다. 렘브란트만큼 이 장면을 감동스러운 방법으로 반복해서 그린 화가는 없다고 합니다. 열린 문 앞에서 아버지와 아들은 껴안고 있습니다. 탕자는 말 그대로 거지꼴을 하고 몸에는 누더기를 걸치고 있을 뿐입니다. 그는 진흙과 먼지투성이인 채 쓰러져 있습니다. 그의 인생 계획은 완전히 좌절되었

그림 17_렘브란트의 〈탕자의 귀환〉(동판화, 1636년)

습니다. 자신의 팔과 힘으로 살아보려 했던 결의는 오산이었던 것입니다. 지난날은 향락과 방탕 속에서 살았으나 지금은 비탄과 고뇌 속에 있습니다. 그의 표정에는 그 내적인 영락이 반영되어 있습니다. 이러한 몰골에도 아버지가 전혀 혐오감 없이 안아 준다는 것은 완전히 상상을 초월한 사건이 아닐 수 없습니다. 아버지의 사랑은 모든 타락과 퇴폐를 넘어서는

커다란 것입니다.

안겨 있는 탕자는 그의 지팡이를 던져 버리고 깊이 뉘우치는 표정으로 아버지의 팔에 몸을 던지고 있습니다. 아버지의 동작은 즉각 용서하려는 애정으로 넘쳐 나고 있습니다. 그들의 뒤쪽 문 앞에는 이미 두 명의 종이 아버지의 명령을 따라 가장 좋은 옷과 새 신발을 가지고 나오려 하고 있습니다. 최초로 그려진 이 동판화1636년 이래, 렘브란트는 같은 주제에 대해 (그리는 각도는 조금씩 다르다 하더라도) 완전히 동일한 모티브로 계속 그렸습니다H. 푸크스트라 편, 《렘브란트 성서》, 1981년.

그림 18_렘브란트의 〈탕자의 귀환〉(펜화, 1642년)

예를 들어 1642년에 그린 펜화그림 18가 있습니다. 달려온 아버지는 맥없이 쓰러져 있는 탕자를 받아들여 따뜻한 손길로 아들의 머리를 어루만지고 있습니다. 마룻바닥에 던져진 지팡이는 급히 나온 아버지의 소유일 것입니다. 커다란 그림자가 우측 벽에 드리워져 있습니다. 그것은 어두운 현관의 아치와 대조를 이루고 있습니다. 그 어두움은 모두 상징적인 것입니다. 전자는 탕자의 어두운 과거 생활의 투영일 것입니다. 후자는 아들의 운명을 생각하며 고뇌했던 아버지 내면의 어두움을 비유한 것으로 볼 수 있습니다. 그러나 마침내 돌아온 것입니다. 아버지와 아들은 함께 밝은 태양빛 가운데에서 조우하고 있습니다. 바로 이 빛이 좀 전의 그림자를 도드라지게 합니다.

두 사람의 뒤에는 입구의 벽에 기대 있는 소년의 모습이 보입니다. 그는 매우 놀란 눈으로 그 광경을 지켜보고 있습니다. 탕자의 어리고 천진한 남동생일까요. 탕자 자신 역시 지난날 그러한 어린 시절이 있습니다. 이 소년은 죄에 빠진 사람도 용서해 주시는 아버지의 커다란 사랑의 증인이 되는 것입니다.

또 한 장의 그림은 이미 언급한 것처럼 렘브란트가 죽기 직전에 그린 〈탕자의 귀환〉1668/1669년, 그림 19입니다. 현재 에르미타주 미술관에 있는 이 유화는 등장인물을 신체의 등신대로 그린 대작으로, 아버지의 용서와 사랑의 크기를 감동적으로 그리고 있습니다.

돌아온 탕자는 누더기를 걸친 채 비참의 극에 달해 있습니다. 그럼에도 목 언저리에는 탕자가 호화롭게 지냈던 시절의 흔적을 지니고 있습니다. 그러나 그의 머리는 마치 죄수와 같이 삭발한 상태입니다. 그림을 보는 사람의 눈에 먼저 들어오는 것은 맨발인 그의 발꿈치입니다. 그것은 이 젊은이의 혼의 비극을 감동적으로 표현하고 있습니다. 아버지의 무릎 앞에 맥없이 쓰러진 그의 모습은 더 이상 아들이라고 불리기에 합당하지 않다고 고백하는, 말로는 표현할 수 없는 그의 회개의 깊이를 나타내고 있습니다.

아버지의 손이 따뜻하게 그의 어깨에 놓여 그를 가까이 끌어당기려 하고 있습니다. 아버지의 양손 열 손가락이 다 벌어진 형태로 표현되어 있는 것도 인상적입니다. 아버지의 눈은 반쯤 감긴 채여서 돌아온 아들의 누더기 옷도 다 떨어진 신발도 눈에 들어오지 않는 것처럼 보입니다. 아버지는 이 사

그림 19_렘브란트의 〈탕자의 귀환〉(유채화, 1668/1669년)

람이 자기 아들이라는 것을 단지 느끼고 확인하려 하고 있는 것 같습니다.

아니, 여기서 렘브란트는 원래의 텍스트에서 벗어나 아버지를 맹인으로 그렸습니다. 아버지의 옷에 얼굴을 묻은 채로 있는 아들도 이제 더 이상 아무것도 눈에 들어오지 않는 것 같습니다. 아버지와 아들은 재회의 감동과 기쁨을 침묵 가운데 마음 깊이 느끼고 있을 뿐입니다. 그때까지 렘브란트는 빛의 효과를 연출하기 위해 어두운 밤의 장면을 즐겨 설정하곤 했습니다. 그러나 이 작품에서는 역으로, 하나님의 사랑의 신비를 가장 명료하게 예감한 늙은 아버지를 맹인으로 형상화했습니다.

어쨌든 이 그림은 스스로의 죄가 초래한 고난으로 완전히 파괴된 영혼이 오직 하나님의 은총과 용서에 의해서만 살 수 있음을 나타내고 있습니다. 이 아버지와 아들의 포옹 가운데 예수의 복음 그 자체가 표현되고 있다고도 할 수 있습니다. 여기서는 "눈에 보이지 않는 하나님의 지배가 보이는 것이 되고, 말로 표현될 수 없는 것이 표현되고, 예기치 못했던 것이 실현되었다"고 할 수 있습니다 K. 카렌제, 《아버지의 사랑》, 1960년.

흥미 깊은 것은 여기서 렘브란트가 예수 비유의 후반 이야기도 참으로 주도면밀하게 그리고 있는 점입니다. 아버지와 아들 주변에 있는 인물이 누구인가, 물론 단정할 수는 없습니다. 그 앞에 서 있는 인물은 형일 것입니다. 침묵한 채로 꼿꼿이 등을 펴고 있는 모습에서는 방관자로서 냉랭하게 몸을 빼고 있는 태도가 느껴집니다. 아버지 마음에서 사랑과 자비가 넘쳐 나고 있는 것과는 대조적으로 그의 마음은 얼어붙어 닫힌 채입니다. 굳게 팔짱을 끼고 있는 그의 손은 결코 내밀어질 것 같지 않습니다.

이 형은 긴 세월 집에 머물며 열심히 일해 왔던 것입니다. 그렇다 하더라도 아버지 사랑에 대한 그의 몰이해와 냉랭한 거부에는, 그 역시 동생인 탕자와 마찬가지로 아버지를 떠난 사람이었음을 드러내고 있습니다. 아버지와 동생으로부터의 소외를 극복하기 위해 그 역시 회심과 귀향이 필요한 것입니다. 이 점을 그는 아직 깨닫지 못한 것입니다.

형이 이러한 통찰에 이르러 축하연에 초대하는 아버지의 부름에 응답할 것인가 말 것인가, 예수의 비유에서는 명확하게 나타나 있지 않습니다. 그러나 렘브란트 자신은 이에 대한 그 나름의 답을 내리고 있는 것 같습니다. 형이 어깨에 걸친 외투는 아버지 것과 같은 붉은색입니다. 이것은 아버지와 형 사이의 깊은 연결을 나타낸다고 하겠습니다. 형이 알고 있든 그렇지 않든 관계없이 아버지의 동일한 사랑은 형에게도 한없이 타당한 것입니다.

두 권의 방대한 저서 가운데 돌아온 탕자에 대한 분석에 한 장을 할애한 칼 노이만이 "이 그림이 모든 것을 초월해 최종적으로 말하고 있는 것은 색채다"라고 결론짓고 있는 것은 참으로 시사적입니다. "색채가 말하는 구원의 단어는 다름 아닌 은혜이다. 침묵 가운데서 붉은 색채의 소리가 울려 퍼지며 은혜를 알린다. 이것이 렘브란트의 최후의 언어다. 이 최고의 정신화精神化에 의해 렘브란트는 은혜를 표현하는 것에 성공하고 있다"노이만, 《렘브란트》, 제3판, 1922년.

렘브란트 최후의 이 언어는 자신의 길을 찾아 밖으로 나가는 자도, 집에 머무르는 자도 모두가 무조건적으로 용납됨을 알리고 있습니다. 이 아버지의 사랑과 용서의 신비는 아버지에 대한 우리의 관계를 일변시켜 줍니다. 그뿐만 아니라 우리가 서로 사랑하며 살 수 있도록 새로운 길을 열어 줍니다.

4. 로댕 이후 바를라흐까지

렘브란트 이후

렘브란트 이후 17세기 말엽까지 '돌아온 탕자'의 그림이나 연작이 없었던 것은 아닙니다. 그러나 네덜란드의 예에서 나타나는 것처럼 주로 그려진 것은 누가의 텍스트에 암시된 세속적인 향락의 생활이었습니다. 그것은 당시의 유복한 시민 생활에서 유래하는 것이라고 합니다. 예를 들면 얀 스텐의 연작의 경우, 그가 관심을 나타낸 것은 비유에서 나타나는 예수의 가르침보다는 풍속화에 걸맞은 주연酒宴이나 연애 장면 뿐이었습니다.

그 외, 동시대의 작품으로서 루벤스가 그린 〈돌아온 탕자의 후회〉1615년도 있습니다. 당시 가톨릭 교회를 대표하는 반종교개혁의 예술은 루벤스에게서 대표되는 바와 같이 교회의 승리를 확신하게 하기 위해 교회나 마리아를 영화롭게 그리는 것이 보통이었습니다. 그러나 루벤스의 이 유화에서는

그림 20_루벤스의 〈돌아온
탕자의 후회〉(1615년)

확실히 화면 한쪽 구석에서 탕자가 손을 마주잡고 자기도취
적으로 보일 정도로 고양된 감정을 보이고 있습니다. 화면에
서 커다란 부분을 차지하고 있는 것은 소나 돼지, 말의 무리
가 있는 마구간과 농가의 생활 묘사입니다. "이것은 풍속화로
서, 동물화로서, 여러 가지 도구가 있는 정물화로서 이해해야
하지 않을까"J. 부르크하르트라고 해석하는 것은 그 때문입니다.
이렇게 바로크 미술에서 성서적 소재는 당시의 풍속화로 전
환되어 있었던 것입니다.

　그 이후 근대미술에서 '돌아온 탕자'의 성서적 의미는 깊
이 추구된 것 같아 보이지 않습니다. 겨우 19세기 중반 정도
에 나사렛파의 활동이 있는 정도입니다. 그들은 이탈리아의
오래된 수도원 자리에서 집단적으로 생활하며 성서 연구도
했습니다. 이와 같은 경건한 신앙에서 다시 성서적 소재를 다

그림 21_카롤스페르트의
〈돌아온 탕자의 비유〉(1860년)

룬 일련의 작품들이 만들어졌던 것입니다. 그중의 한 사람인 슈노르 폰 카롤스페르트의 대표작 〈삽화가 들어간 성서〉1860년, 복각판 1988년에서 〈돌아온 탕자의 비유〉라는 제목이 붙은 작품에는 그의 귀향과 아버지와의 재회 장면이 있습니다.

아버지와 아들은 약간 도시적으로 시민화되어 있고 이상화되어 그려져 있습니다. 두 사람의 좌우에는 새 옷을 들고 있는 젊은 종과 몸을 뒤로 젖힌 채 엄한 표정을 하고 있는 형의 모습이 그려져 있습니다. 난외에는 다음과 같은 성구가 인용되어 있고, 기쁨에 넘치는 천사들이 구름 위에 있는 모습이 그려져 있습니다. "내가 너희에게 이르노니 이와 같이 죄인 한 사람이 회개하면 하늘에서는 회개할 것 없는 아흔아홉으로 말미암아 기뻐하는 것보다 더 하리라"눅 15:7.

이것은 민중을 위한 교훈적인 삽화를 의도하여 그린 것입니다. 고대의 미적 이상에 바탕을 두고 균형 잡힌 인간의 모습을 모델로 하여 단순한 목판화 풍으로 그리고 있습니다. 여기 나타나 있는 소박한 경건성은 경건주의자나 가톨릭 교회 등, 특정한 층에서 환영받은 것 같습니다. 그러나 나사렛파의 예술은 현대의 인간 상황에 비춰 본다면 너무나 낙관적인 것일지 모릅니다. 이들 삽화는 조화로운 분위기를 환기시키고는 있지만 성서 이야기의 삽화형 미술에 그치고 있다고 할 수 있습니다T. 준더마이어, 《세계 기독교 예술 입문》, 2007. 이들 삽화는 보는 사람의 마음을 뒤흔들면서 그의 완고함이나 무관심을 돌파하여 성서가 전하고자 하는 메시지와 새롭게 만날 수 있게 하는 힘을 보여 주지는 못하고 있기 때문입니다.

세기의 전환기에

그러나 이 세기 말엽에는 인간의 비통함을 처절하게 호소하는 로댕의 〈돌아온 탕자〉1889년가 제작되었습니다. 당초에는 '세기의 아들'로서, 혹은 '최후의 빈궁의 절규'라는 제목이 붙었습니다. 이 벌거벗은 돌아온 탕자는 불안과 절망 가운데서 양손을 하늘을 향해 높이 쳐들고 있습니다. 그에게는 이제 희망을 품을 만한 그 무엇도 남아 있지 않습니다. 이 작품에는 참으로 리얼리즘적으로 인간 상황이 놀라운 곤궁함으로 묘사되어 있습니다. 그러나 여기로부터 도망갈 어떠한 힘도, 예수의 비유에 대한 어떠한 해석도 제시되어 있지 않습니다.

이 고뇌와 절망의 몸짓은 20세기를 향한 전환기에 나타나는 전형적인 것이라고 합니다. "그의 존재 전체는 불안이다. 몸을 한껏 뒤로 젖히고 가슴은 부풀어 올랐고 목은 불안으로 가득 차 긴장한 상태다. 양손은 어떤 신비로 가득찬 존재를 향해 뻗쳐, 그것을 굳게 잡으려고 하고 있다"P. 크셀.

그림 22_로댕의 〈돌아온 탕자〉 (1889년)

라이너 마리아 릴케는 로댕과 특별히 친했습니다. 이 로댕의 〈돌아온 탕자〉는 릴케의 《말테의 수기》의 '돌아온 탕자'와 가까운 것은 아닐까요. 적어도 그것은 앙드레 지드나 나아가 프란츠 카프카의 '돌아온 탕자'와 통하는 점이 있는 것 같습니다2부 참조. 로댕의 〈돌아온 탕자〉는 그의 대작 〈지옥의

그림 23_롤프스의
〈탕자의 귀환〉(1916년)

문〉의 군상 가운데 하나로 조각되어 있습니다. 이 주제를 그려 온 많은 화가들의 다양한 모티브로부터 이 고뇌에 가득 찬 커다란 몸짓밖에 남지 않았던 것입니다.

20세기에 들어와 미증유未曾有의 세계대전과 전후의 고난을 거쳐 '돌아온 탕자'는 실제로 좌절한 사람의 고통을 그리는 '비유'로서 이해되게 되었습니다. 그때까지 당연시되었던 가치에 대한 반성과 대결이 시작되고, 오만과 위선 그리고 자긍심의 가면이 벗겨졌던 것입니다. 표현주의자들은 종래의 예술에서 몸을 돌려 내면적인 가치나 진실을 탐구하기 시작했습니다. 성서 텍스트를 새로운 눈으로 읽고 그 빛에 비추어 현대의 상황을 새롭게 해석하려고 한 것입니다. 종래의 회화적 기법에 구속되지 않고 새로운 표현의 길을 걷기 시작한 것입니다.

이러한 사람 중 하나인 크리스찬 롤프스도 고독한 절망 속의 인간을 그리고 있습니다. 〈탕자의 귀환〉목판화, 1916년에서는 거의 모든 부차적인 것은 제거되고 본질적인 것만이 전해지고 있습니다. 즉 무한히 확산되었던 사랑의 상실, 희망이 없는 암흑의 한가운데서도 여전히 사랑이 존재하고 사랑하는 아버지가 있다는 사실입니다. 그는 이 해의 전년에 이 테마로 유화도 그렸는데, 한층 유명해진 이 목판화는 렘브란트를 생각나게 할 정도로 아버지의 수용적 자세가 압도적인 힘을 가지고 있습니다.

그림 아래에 무릎을 꿇고 앉아 있는 탕자는 기대에 가득

찬 표정으로 아버지의 얼굴을 올려다보고 있습니다. 아버지
는 여기서도 온몸으로 축복과 긍정의 몸짓을 하는 사람으로
그려져 있습니다. 두 사람의 만남이 검은 배경 앞에서 이루어
지고 있기 때문에 중요한 만남의 동작이 중앙으로 부각됩니
다. 아버지 집의 두 개의 창이 열려 있는 것도 상징적 의미가
있는 듯합니다. 거기서 비쳐 오는 빛이 아버지를 측면으로부
터 비추고 다시 탕자의 전신을 비춰 주고 있는 것입니다.

롤프스는 그 외에도 주로 구약성서적인 테마로 많은 그림
과 목판화를 제작했습니다. 다른 표현주의자와는 달리 그의
작품들은 시대적 사건에 대한 비판적인 주석으로서가 아니
라, 인간성에 대한 따뜻한 이해에 근거하여 오래된 전설에 깊
은 진실함을 갖게 하는 독특한 판타지로 표현하고 있습니다

H. 슈베벨, 《20세기 예술에 있어서 그리스도》, 1983년.

스위스의 예술가들

그림 24_〈탕자의 귀환〉(뮌히, '성서의 문', 1950년부터)

스위스에서도 돌아온 탕자의 부조가 제작
되었습니다. 그것은 오토 뮌히에 의한 취리히
대성당의 북측 정면 현관을 장식하는, 청동으
로 된 '성서의 문'입니다. 1944년에 구상되어
2차 세계대전을 거쳐 1950년에 완성되었습니
다J. 글류넨페르다, 《취리히 대성당의 성서의 문》, 1979년.

청동의 문은 고대 이래 유럽 문화에서 잘
알려져 있는 것입니다. 단 이 대성당은 츠빙글

리의 모교회로서 성상파괴운동과 결합된 역사가 있습니다. 스위스 종교개혁은 중세적 경건에서의 성화상 숭배에 등을 돌리고 오직 성서의 말씀에만 의거할 것을 주장했던 것입니다. 이 교회의 입장에서 성화상을 가진 문을 두는 것은 결코 당연한 일이 아니었습니다. 따라서 여기서는 문의 부조 전체를 성서의 말씀으로 둘러싸는 형태를 취하고 있는 것이 인상적입니다. 그 가운데 십계명, 사도신경, 주님의 기도를 나타내는 32개의 장면이 부조로 그려져 있습니다.

'돌아온 탕자'의 장면은 사도신경의 제일 위쪽의 '아버지인 신'을 나타내는 최초의 부조에 그려져 있습니다. 즉 하나님은 결코 두려운 분이 아니라 죄를 지은 인간을 받아들이고 그의 귀향을 반가워하시는 분으로 묘사되고 있는 것입니다. 현관 문 앞에서 꼭 껴안고 있는 아버지와 아들 옆에는 새 옷을 가지고 있는 여성의 모습(어머니일까요)이 있고, 그 앞에는 축하연을 암시하는 송아지도 있습니다. 제작 과정에서 불필요한 장식이나 기교는 모두 제거되고 간결하고 힘차게 표현되어 있습니다. 뭔히가 케테 콜비츠나 바를라흐의 작품에서 영향을 받았다고 말해지는 점도 주목해야 합니다.

이와 동일하게 2차 세계대전 후의 스위스 작품인 빌리 프리스의 〈돌아온 탕자〉1955년도 살펴봅시다. 프리스의 〈돌아온 탕자〉는 장크트 갈렌 주의 산골짜기 마을에 있는 중학교의 벽 전체를 차지하고 있습니다. 그것은 왕래가 매우 잦은 도로를 마주하여 그려져 있습니다. 프리스의 생각에 의하면, 이

'돌아온 탕자'의 주제는 현대에 대해
많은 것을 말해 주고 우리 모두에
대해 예외 없이 깊은 관계가 있다고
여겨집니다.

　이 벽화는 누가복음에 따라 상
하 두 장면으로 (좁은 벽돌 벽에 의해)
나뉘어 있습니다. 그러나 색깔과 형태에
있어 긴밀하게 연결되어, 실제로는 하나의 그
림을 이루고 있습니다. 덧붙여 여기 그려진 정경에
는 팔레스타인의 지방색이나 예수 당시의 의상은 전혀 나타
나지 않습니다. 오히려 이야기는 현대 스위스 환경 안으로 그
대로 옮겨져 있습니다. 그렇게 함으로써 선교의 현실성을 약
화시키지 않도록 의도한 것입니다 G. 야곱, 《혁신의 도상에 있는 교회》,
1966년.

　이 그림에서 탕자는 말 등 위에 높이 앉아 의기양양하게
출발하고 있습니다. 태양과 초록색 이파리들이 출발하려는
젊은이에게 드리워져 있습니다. 아버지의 표정에는 품위와 권
위가 넘치지만 그래도 성급해하는 아들을 잘 이해하고 있는
듯합니다. 그는 유산을 나눈 것을 건네주고 있습니다. 그러나
말 탄 아들이 떠나가 보이지 않게 되는 현실은 아버지의 마
음을 고통으로 조여들게 합니다. 이에 반해 먼 나라로 출발하
려는 동생의 모험심도, 아버지의 걱정도, 좁은 땅 위에 굳은
모습으로 서 있는 형의 마음을 움직이지는 못합니다. 그는 동

그림 25_프리스의
〈돌아온 탕자〉(1955년)

생을 이해할 수 없을 뿐만 아니라 아버지의 마음은 더욱 이해할 수 없습니다. 스스로 자신이 올바르다고 확신하는 그는 이해 자체를 하려 하지 않습니다. 그림에서 이 형은 너무나 화가 난 나머지 등을 돌리고 있습니다. 아버지는 길을 잃고 파멸하여 귀향한 아들 어깨에 자신이 가진 가장 좋은 옷인 붉은 망토를 입혀 주며 회개하는 죄인을 큰 기쁨으로 받아들이고 있기 때문입니다. 돌아온 탕자 이야기는 두 사람의 돌아온 탕자 이야기가 되는 것입니다.

아버지는 두 그림에 그려진 어머니의 중간에 서 있습니다. 아버지의 믿을 수 없는 선의와 사랑이 어머니의 탄식을 일변시켰습니다. 아들이 출발할 때 얼굴을 감싸고 눈물을 흘렸던 어머니는 이제는 행복과 기쁨에 가득 찬 감사의 표정으로 바뀌어 있는 것입니다. 흐트러진 머리카락과 옷 주름에 어머니의 격동하는 마음이 표현되어 있습니다.

프리스 자신은 이 어머니 상에 성도의 교제를 상징적으로 표현하고 있습니다. 즉 이 그림을 보는 사람은 누구나 모든 죄와 과오가 용서되는 사건을 경험하는 것입니다. 이 사건에 대한 우리의 반응은 어머니의 반응과 동일합니다. 바로 감사와 기쁨인 것입니다. 그것은 이 그림의 제막식에 참석한 프리스 본인의 강연을 통해 알 수 있습니다. 강연 중 그는 이 그림의 주제가 압도적인 하나님의 은혜임을 강조하고 있습니다.

이 비유가 의미하는 것은 이 이야기가 현대사의 모든 순간에

거듭거듭 반복해서 일어나고 있다는 것입니다. 아버지는 모든 방탕한 자식들을 집으로 돌아오게 합니다. 이 그림이 힘차고 경쾌한 색으로 표현되어 있는 것은 다음과 같은 이유에서입니다. 즉 아버지가 돌아온 탕자들을 위해 열어 준 연회는 인간이 그의 이반離反으로 일으킨 모든 것보다 훨씬 위대하기 때문입니다.

바를라흐의 〈재회〉

돌아온 탕자의 테마를 다룬 미술작품 계열에서는 떨어져 있지만 이 장의 마지막으로 표현주의의 대표적 작가인 에른스트 바를라흐의 목조 〈재회〉1926년에 대해서도 조금 언급해 보려고 합니다. 바를라흐의 〈재회〉는 회의懷疑하는 사람인 도마와 부활한 그리스도의 만남요 20:24-29을 표현한 작품일 것입니다. 두 사람의 모습을 돌아온 탕자의 테마와 중첩시키는 것에 대해서는 이론異論의 여지가 있을지 모릅니다. 그러나 이것이 도마의 재회였다고 하더라도, 그럼에도 이 작품은 돌아온 탕자와 아버지의 사랑이라는 테마와 깊은 관계가 있는 것 같습니다.

이 만남의 최후, 도마가 "나의 주님, 나의 하나님"이라고 부를 때 이 신앙 고백에는 신뢰와 헌신의 결의가 담겨 있습니다. 돌아온 탕자 역시 집으로 돌아가 아버지의 사랑에 몸을 맡기고 그때까지 거부해 왔던 복종을 표합니다. 도마도 돌아온 탕자도 지금까지 외면했던 하나님을 다시 찾아낼 수 있었던 것입니다.

　바를라흐의 목조 〈재회〉가 주는 인상은 강렬해서 예수와 도마라는 특정한 장면에 국한시킬 수 없는 힘이 있습니다. 그 현재적 체험은 회의와 절망 가운데서 보호와 지지를 구하려는 사람들에게, 이 도마에게서 자기 자신을 발견하게 해줍니다. 확고한 기둥과 같이 지탱해 주는 손으로서, 또 안아 주는 손으로서 부활하신 그리스도가 서 있는 것입니다. 삶의 무게로 쓰러질 것 같던 인간이 이러한 그리스도의 어깨에 매달려 그리스도의 양손에 안겨 있습니다. 〈재회〉에서 두 사람은 하나님과 인간의 만남을 표현하고 있습니다. 구원을 갈망하는 사람 앞에 그리스도는 이 세상에서 아버지의 사랑을 계시하는 존재로서 서 있는 것입니다. 이 광경에는 참으로 현대 인간이 처한 상황 그 자체가 상징적으로 표현되어 있습니다.

그림 26_바를라흐의
〈재회〉(1926년)

　확실히 바를라흐는 생애를 통해 하나님에 대한 딱딱한 구도자로 여겨지는 것을 거부해 왔습니다. 〈재회〉의 그리스도도 결코 구세주로서가 아니라 오직 남을 위해 머무르려는 형제에 불과하고, 그 표정에는 어찌할 바를 모르는 무력함이 나타나 있다는 의견도 있습니다. 그러나 바를라흐는 그의 한 희곡 작품에서 주인공에게 다음과 같은 멋진 말을 하게 합니다. "나는 신을 소유하고 있지 않다. 그러나 신은 나를 소유하고 있다"라고. 바를라흐의 예술에도 역시 '진정한 종교적 계기'를 인정할 수 있지 않을까요.H. 베크만, 《나는 하나님을 소유하고 있지 않다—

에른스트 바를라흐의 종교적 도발〉, 1974년.

사실 바를라흐는 표현주의자들 중 자신의 몇몇 작품들이 교회와 대성당에 장식되어 있는 매우 드문 예술가이기도 했습니다. 그리고 이 〈재회〉가 나치시대에 퇴폐 예술 중 하나로 추방당한 것도 잘 알려져 있습니다_{미야타 미츠오, 〈바를라흐와 나치즘〉,}

〈유럽 사상사의 여행 · 사상사 론집 별권〉, 소분샤, 2008.

5. 현대미술 속의 돌아온 탕자

　　20세기 후반 이후의 종교미술에서 유채화를 비롯해 스테인드글라스에 이르기까지 '돌아온 탕자'를 그린 작품은 그 수가 방대합니다. 컴퓨터에서 구글 이미지를 검색하면 수백 개의 사례가 나오는 것이 놀라울 뿐입니다.

　　최근 현대 아시아의 기독교 미술에 관한 관심이 고조되고 있습니다. 그러한 현상에는 에큐메니즘의 새로운 동향에 의해 아시아의 풍토에 뿌리내린 미술 작품으로 복음 선교를 담당하려는 의지가 활발히 작용하고 있습니다. 그 사이에 아시아 기독교 미술가들의 교류를 도모하는 조직화(아시아 기독교 미술협회)와 국제적인 전시회도 시도되었습니다. 특별히 다케나카竹中正夫 교수의 편집으로 성서적 주제에 근거한 아시아 기독교인의 미술작품집이 출판되어, 지금까지 알려지지 않았던 아시아 각지의 기독교 미술작품에도 접근하기 쉬워졌습니다 《아시아의 기독교 미술》, 교분칸, 1975년.

이제부터는 현재 저의 특별한 관심을 끄는 샤갈의 유채화 및 최근의 아시아 기독교 미술 가운데 두세 가지 예를 언급해 보겠습니다.

1) 마르크 샤갈

샤갈은 성서 이야기를 소재로 다룬 작품을 많이 남겼습니다. 그러나 신약성서에서 소재를 취한 작품은 별로 알려지지 않은 것 같습니다. 그러한 작품 가운데, 돌아온 탕자를 그린 작품1975년이 있습니다. 누가복음에서 제목을 따온 것이지만, 그럼에도 샤갈 자신이 아주 오래전 돌아가신 자신의 아버지와 재회하는 꿈과 중첩시킨, 참으로 독특한 유채화입니다.

샤갈 〈탕자의 귀환〉

돌아온 탕자 곧 샤갈은 그가 즐겨 사용하는 남색 옷을 입고, 아버지는 붉은 상의를 입고 애용하던 모자를 쓰고 있습니다. 화면 중앙에 그려진 이들 두 사람으로부터 조금 떨어져서 이들을 둘러싸고 있는 많은 군중이 이 만남의 사건에 주목하고 있습니다. 한쪽 발을 조금 뒤로 제쳐 약간 비스듬하게 서 있는 아들을 아버지는 양손으로 힘껏 안으면서, 그 얼굴을 주시하고 있습니다. 그러나 이 두 사람의 모습은 전체적으로 마치 꿈속에 있는 것처럼 무중력 상태로 우주에 떠 있는 듯한 인상을 줍니다.

그들의 머리 위에는 샤갈의 추억이 담긴 동네의 풍경과 사람들이 흡사 원형으로 연결되어 그려져 있습니다. 푸르게 빛나는 하늘 아래에는 샤갈의 양친의 집과 하얀 교회당과 함께 그의 고향 마을 비테부스크의 정경이 펼쳐져 있습니다. 흥미로운 것은, 마을 옆에 한 젊은이가 산보용 지팡이를 잡고 하늘에 떠 있는 것입니다. 샤갈 자신의 회상에 의하면, 그는 고향에 살던 젊은 시절에 밤거리를 즐겨 산보했다고 합니다. 하늘을 올려다보며 별의 움직임을 관찰하면서 지상의 삶과는 별개의 삶이 있음을 몽상하곤 했다는 것입니다.

그림 27_샤갈의 〈탕자의 귀환〉
(유채화, 1975년)

화면 우측에는 샤갈이 1922년에 고향을 떠날 때, 그곳에 그대로 머물러 있었던 양친과 자매들의 모습이 보입니다. 거기서 멀리 떨어진 우측 하단 구석에는 화가로서의 생활을 시작했던 무렵의 그의 모습이 그려져 있습니다. 젊은 화가의 어깨 너머로 얼굴을 드러내고 있는 당나귀는 샤갈에게 있어서 인간이 동물과 모든 피조물과 평화롭게 공존하는 낙원을 상기시키는 상징입니다.

화면 좌측 상단에는 황금색으로 빛나는 태양 옆에 커다란 몸집의 붉은 새가 날개를 펼친 모습을 볼 수 있습니다. 이 비상하는 새는 꿈꾸고 있는 것들을 현실과 연결시키고 있는 것입니다. 그 아래에 서 있는 무리 중에는, 또다시 샤갈의 양친과 자매들, 삼촌과 숙모의 모습을 볼 수 있습니다. 한 사람의 손에 들려 있는 숫양의 뿔피리와 바이올린은 안식일과 축제일의 행복한 분위기를 전하고 있습니다.

그들 앞에는 이제 막 결혼한 한 쌍의 커플이 서 있는데, 신부는 하얀 베일을 쓰고 있습니다. 그들로부터 조금 떨어진 곳 아래에는 샤갈의 두 번째 아내인 발렌티나가 빨간 스커트를 입고 서 있습니다. 그녀는 이제 막 딴 꽃다발을 재회하고 있는 아들과 아버지에게 내밀고 있습니다. 이 작품에는 귀향하여 돌아온 탕자를 품는 사랑과 기쁨의 감정이 거리낌없이 표현되어 있어 예수의 비유와 독특한 형태로 연결되어 있습니다.

샤갈에게는 이 유채화 외에 같은 테마를 석판화로 표현한 〈탕자의 귀환〉1974-1979년이 있습니다. 전체적인 구도는 기본적으로 동일합니다. 그러나 아버지와 아들이 재회하여 부둥켜안는 모습은 1960년대 전반에 그린 유채화 〈천사와 격투하는 야곱〉 가운데서 야곱이 천사와 맞붙어 있는 자세와 흡사하다는 점이 주의를 끕니다.

그림 28_샤갈의 〈탕자의 귀환〉
(석판화, 1974~1979년)

특히 석판화 작품에서 돌아온 탕자의 자세(한쪽 발을 한껏 뒤로 물리고 아버지에게 달라붙어 있는)는 천사와 마주해 있는 야곱의 모습과 매우 유사합니다. 더구나 그렇게 붙들어 안고 있는 두 사람의 발밑에 펼쳐진 어두운 마을의 풍경은 비테부스크를 모델로 한 것이 아닐까라고도 해석되고 있습니다. 샤갈의 〈탕자의 귀환〉 배후에 있는 구약성서 모티브를 탐구함에 있어 참으로 흥미 깊은 점이라 하겠습니다.

샤갈 〈천사와 격투하는 야곱〉

이 그림에서 야곱은 머리를 수그린 자세로 양손을 뻗쳐서 몸이 하얗게 빛나는 천사를 붙들고 있습니다. 천사는 야곱을 위협하는 존재인 것처럼 보이나, 실은 그를 매혹하는 존재였던 것입니다. 그리고 마지막에는 축복을 가져다주는 존재이기도 한 것입니다. 사실 천사의 오른손은 야곱의 이마를 부드럽게 만지고 있습니다. 이에 반해 야곱의 왼손은 천사의 넓적다리에 의해 밀려나고 있는데, 그렇게 됨으로써 천사의 하얀 몸에 물들어 버립니다. 밤을 꼬박 새운 격투의 시간이 이제는 사랑과 포옹의 시간으로 변모하고 있는 것입니다. "축복해 주실 때까지 떨어지지 않겠습니다"_{창 32:26}라며 조르는 야곱을 향해 새벽이 가까워질 무렵, 천사는 축복과 함께 그에게 이스라엘이라는 새로운 이름을 줍니다. 축복의 상징처럼 천사의 배후에는 잎이 무성한 커다란 나무 한 그루가 서 있습니다.

천사와 야곱의 발아래에 있는 비테부스크 마을은 2차대전 중에 나치 독일군에 의해 파괴되고, 샤갈의 많은 친척과 친구들 역시 살해당했습니다. 여기에 지배적인 것은 화면 좌측 아래의 썩은 고기에 달라붙은 검은 새가 상징하는 죽음의 분위기입니다. 그러나 눈을 크게 떠 응시해 보면 그것뿐만이 아님을 알 수 있습니다. 깊고 어두운 마을의 한쪽 구석에는 사람들이 알아차리지 못한 낙원의 생명 나무가 자라고 있습니다.

나아가 화면 좌측 위에는 결혼식 장막 아래에서 껴안고

있는 젊은 남녀의 모습이 희미하게 보입니다. 그 우측에는, 야곱과 라헬의 사랑의 만남을 상기시키는 우물^{창 29:9-11}도 그려 있습니다. 그 주위에는 마침내 야곱이 오랜 세월 힘겨운 노동을 통해 얻은 가축들의 모습도 보입니다.

격투하는 천사의 왼손도 야곱을 치기 위해서가 아니라, 주위의 어두운 세계를 향해 뻗쳐서 그 손에서 나오는 희미한 광채가 지상의 세계에서 일어나는 어두운 사건을 향해 쏟아부어지고 있는 것을 놓쳐서는 안 됩니다. 어둠 속의 격투를 그린 어두운 구도에서 전체적으로 특히 눈에 띄는 것은 화면 우측 상단에서 황색 빛을 내고 있는 커다란 닭입니다. 그것은 '배신의 때'를 알리는 상징인 것입니다. 사실, 그 발아래에는 야곱이 가장 사랑하는 아들 요셉이 자신의 장래 지위를 나타내는 꿈풀이를 득의양양하게 말해 버린 탓에, 격노한 형들의 간계에 빠져 깊은 구덩이

그림 29_샤갈의 〈천사와 격투하는 야곱〉(1960-1966년)

에 던져지는 장면이 그려져 있습니다. 배반의 황색 빛은 요셉을 죽이려는 형제들 중 한 사람의 손과 표정에도 뚜렷이 나타납니다.

거기서 좀 떨어진 아래쪽에는 요셉의 죽음을 전해 들은 늙은 야곱이 가장 사랑하는 아들의 갈기갈기 찢겨진 옷을 끌어안은 채 울고 있습니다. 이 절망의 구렁텅이에 빠진 야곱의 모습은 화면 좌측 위에서 행복의 절정기를 보내는 야곱의

모습과 대극을 이루고 있습니다. 이 두 가지 모습을 연결하는 대각선 중앙에는 야곱과 격투한 끝에 그를 축복하는 천사의 희고 커다란 모습이 눈에 띄게 그려져 있습니다.

비탄에 빠져 있는 야곱의 모습을 잘 살펴보면, 그가 손에 들고 있는 요셉의 옷에도 천사가 뿜어내는 흰 빛이 발하고 있음을 알 수 있습니다. 한번 야곱에게 주어진 축복의 약속은 결코 사라져 소멸되지 않는 것입니다. 천사의 시선은 야곱의 과거와 함께 그가 아직 보지 못한 미래로 관통하고 있는 것입니다. 하나님이 사람과 만나는 곳에서, 하나님은 인간에게는 알려지지 않은 방법으로 그 진실을 지켜 주시는 것입니다.

창세기에 의하면 축복의 장소에서 떠나려고 할 때, 야곱은 천사가 격투 때 환도뼈를 쳤기 때문에 다리를 절고 있었다창 32:32고 기록되어 있습니다. 축복과 함께 고난도 견뎌야 했던 이스라엘 민족의 미래가 암시되어 있는 것입니다. 야곱 곧 이스라엘의 신앙의 격투는 얍복강을 건너는 것에 한정되지 않았던 것입니다. 샤갈은 죽음의 마을 비테부스크의 가옥 위에서 격투하고 있는 야곱의 모습에 유대 민족의 실존적인 패러다임을 상징화시키려고 했던 것일까요 H. 슈히카만, 《하나님의 격투—성서와 미술에 나타난 야곱과 천사》, 1997년.

얍복이라는 지명의 어원은 깊은 균열을 의미한다고 합니다. 얍복강을 건너는 야곱의 모습에는, 말하자면 '출애굽'이라는 민족적 원체험과 통하는 바가 있는 것입니다. 또한 거기서 장래적, 즉 종말론적인 이스라엘 민족의 희망도 생겨나는 것입니다.

창세기에 이어지는 기사에 의하면, 야곱이 다리를 절면서 에서 앞에 나타났을 때 에서는 결코 그의 모습을 경멸하거나 조소하지 않았습니다. 두 사람의 재회 장면은 참으로 감동적입니다. 야곱은 많은 가축 떼를 끌고 앞으로 나아가 형 앞에 다다를 때까지 일곱 번 땅에 엎드렸습니다. 에서는 달려와 야곱을 맞으며 그의 목을 끌어안아 입을 맞추고 함께 울었다는 것입니다창 33:3-4.

함께 눈물을 흘리는 것은 두 사람 사이의 균열과 긴장 관계를 해소하고 화해의 길을 열어가는 것입니다. 잘 알려진 대로 야곱은 눈이 먼 아버지 이삭을 속여 형 에서의 장자권의 축복을 훔쳤던 자입니다. 야곱은 에서에게 자신의 소유 가운데 많은 부를 화해의 선물로 보냅니다. 야곱은 그것을 하나님이 보내신 은총 즉 축복이라고 부르고 있습니다. 이렇게 화해할 수 있었던 야곱과 에서는 이제 아버지에게서 받은 하나님의 축복을 공유하게 된 것입니다.

미드라쉬 전설에 의하면, 얍복강에서 야곱과 함께 밤 내내 격투하고 있던 천사는 천상에서 에서를 대표하는 존재였다고 합니다. 그것은 정신분석학적으로 해석하면 야곱의 그림자M. 카셀, 즉 형에게서 장자권을 훔친 야곱을 20년 동안 따라 다녔던 죄책감이라고도 할 수 있습니다.

어쨌든 천지창조로 시작하는 히브리 성서는 주목할 만한 두 개의 복합적인 시점이 있습니다. 하나는 피조 세계 전체를 인간과 함께 파악하는 보편주의적 시점입니다. 또 하나는 인류 가운데에서 이스라엘을 중심으로 하는 특수주의적 시점입니다. 이때 보편주의적인 인류사적 시점은 특수주의적인 이스라엘 시점에서 도출되는 것입니다. 그 의미에서, 얍복강 이야기에서 전해지는 천사와 격투하는 야곱의 경험은 이스라엘 족장 이야기일 뿐만 아니라, 넓게는 인류사적인 경험을 대표하는 것으로서 이해할 수 있습니다. 이 '다리를 절었다'는 대목의 부자연스러운 걸음걸이는 실은 하나님 앞에서 인간의 본연적인 자세, 즉 '축복을 갈구하는 격투, 깊은 균열을 만드는 흐름을 감히 건너가는 보행'이라는 의미에서 '직립 보행'이고, 따라서 다리를 저는 이 자세는 '인간의 조건, 즉 인간을 인간답게 만들어 가는 것임을 숨은 그림처럼 나타내고 있는 것이다' J. 에바스, 〈얍복강의 격투〉, 《얍복쌍서》, 제1권, 2001년.

야곱을 그린 샤갈의 작품과 함께 〈탕자의 귀환〉을 바라보면, 그 배후에 있는 구약적 원천, 즉 유대교적 전통 문화의 영향을 느낄 수 있어 흥미롭습니다.

돌아온 탕자를 그린 샤갈의 두 작품은 앞에서 말한 대로 1970년대 중반에 제작되었습니다. 그는 신약성서적 테마로서 이미 취리히의 프라우뮌스터 교회의 스테인드글라스 〈녹색 십자가〉에서 부활한 예수를 그렸습니다. 그것은 제3차 중동전쟁1967년 직후로, 이 스테인드글라스 연작 중에 있는 〈시온의 창〉에는 팔레스타인 평화에 대한 그의 간절한 바람을 읽을 수 있습니다 졸저, 〈홀로코스트의 묵시록을 넘어서〉, 《세계》, 2011년 2월호.

제4차 중동전쟁1973년의 한복판에서 구상된 이 두 개의 '돌아온 탕자'의 작품에도 역시, 점점 전망이 어두워져 가는 중동 평화에 대한 희망이 도상학적으로 어렴풋이 표현되어 있다고 생각되는데, 제가 너무 깊게 읽은 것일까요.

2) 중국 전지剪紙 예술의 세계

전지전통 종이 오리기는 중국에서 긴 역사와 전통을 지닌 민중 예술입니다. 칼 또는 가위와 종이 등 제작에 필요한 도구를 간편하게 구할 수 있어서 농촌을 기반으로 발전해 왔습니다. 전지는 많은 농촌 여성들의 부업이 되었고, 따라서 민중적 커뮤니케이션의 수단이 되어 왔습니다.

중국 전통 예술 중에서도 전지는 엘리트 문화에 가까운 서예나 수묵화에 비교하여 말하자면, 예술을 민주화한 것을 의미합니다. 전지는 하나의 도안에 따라 약 스무 장을 한꺼번에 겹친 종이 다발로 동시에 같은 작품을 복수로 만들어 낼 수 있습니다. 교회의 안내지나 팸플릿 등에 복사·재생하는 것도 기술적으로 간단히 할 수 있습니다. 때문에 현대 중국에서 복음 선교의 중요한 수단으로 주목되기에 이르렀습니다.

하기何琦의 〈돌아온 탕자〉

이러한 가운데 하기1950년생의 작품은 전후 중국에서 기독교 전지 예술의 대표작으로 알려져 있습니다. 그는 문화혁명

1966-1976년 시대에 많은 지식인과 마찬가지로 지방에 '하방'下
方: 지식인 개조를 목적으로 농촌과 공장 등에서 노동에 종사하게 한 것-역자 주되어,
농민들 사이에 남아 있던 이 전통 예술을 만나게 되었습니다.
그 후 1988년에 기독교에 입교한 후 신학과 미술에 관심을
가져, 기독교 미술에 관한 중국 최초의 학위를 취득하고 남경
신학원에서 교편을 잡아 왔습니다. 아시아 미술협회 기관지
《이미지》1990년 6월의 표지를 장식한 〈돌아온 탕자〉는 그의 대
표작 중 하나입니다.

　돌아온 탕자와 그 아버지가 마치 연인 사이처럼 친밀하게
포옹한 모습으로 나타납니다. 아버지는 하얀 옷을 입은 노인
의 모습으로 앉아 젊은이의 얼굴 쪽으로 머리를 기울이고 있
습니다. 아버지 옆에 무릎 꿇고 앉은 젊은이는 아버지의 입맞
춤을 받아들이듯 고개를 앞으로 내밀고 있습니다. 그 이목구
비는 젊은 여성과 혼동될 정도로 아름다운 옆모습을 하고 있
습니다. 아버지의 손은 아들의 어깨를 꽉 붙잡고 있으며 아들
의 오른손은 아버지의 팔을 힘차게 끌어당기고 있습니다. 커
다란 잎사귀 문양이 있는 검은 상의는 새 잔치 의복으로, 그
사이에 그가 낡은 누더기를 갈아입었음을 알 수 있습니다. 그
러나 그가 하반신에 걸친 바지는 해어져 있고, 드러나 있는
양쪽 발도 맨발인 상태입니다. 방탕한 아들에게 그때까지 고
난에 가득 찬 여정의 흔적이 남아 있음을 알 수 있습니다.

　두 사람의 신체는 검정과 백색의 대비에 의해 강조되고,
서로 S자 형상으로 교차한 위치와 윤곽에서 안정된 대각선을

이루고 있습니다. 이 장면 전체를 태양빛이 밝게 비추어 서로 마주 보고 있는 두 사람의 얼굴이 선명하게 부각되어 있습니다. 이 상징적인 표현에 의해 아버지와 탕자의 용서와 화해, 즉 회복된 조화의 기쁨이 중첩되어 있는 것입니다. 이 도상 전체에 충만한 조화야말로 하기에게 하나님의 사랑의 본질이라 여겨지고 있는 것입니다.

화면 좌측 위에는 한 마리 기러기가 커다란 날개를 펴고 저물어 가는 태양 빛을 받으며 비상하고 있는 모습이 보입니다. 하기에 의하면, 그것은 중국 민중에게 익숙한 추석의 기억에 연관되어 있다고 합니다. "이 축제 사이에, 외지에 나가 있는 가족 모두가 귀향할 것입니다. 그렇기 때문에(!) 방탕한 탕자는 돌아오는 것입니다. 봄이 되면 야생 기러기는 남쪽을 향해 날아가고, 가을에는 북쪽을 향해 (고향을 향해) 되돌아오는 것입니다."

그림 30_하기의 〈돌아온 탕자〉

이 작품 배후에는 기본적인 모델로서 음양이라는 이원론적 카테고리가 상호보완적인 상징으로 사용되고 있는 것이 아닌가 하는 해석도 있습니다V. 큐스터, 〈선교 수단으로서의 민중 예술〉, T. 준더마이어·V. 큐스터 공편, 《화상(畵像)과 언어—아프리카와 아시아의 기독교 적 예술을 이해하기 위해서》, 1999년.

우주의 존재 원리로서 음양이원론은 중국 고대에 탄생한 도교에 의해 신비주의적인 세계관으로까지 고양된 사상입니다. 그 사상에서 '양'은 남성적 요소, 강함과 밝음을, '음'은 여성적 요소, 부드러움과 어둠을 상징하는 것입니다. 그러나 양자는 상호 배척하는 것이 아니라 오히려 보완적인 관계이며 그 대조성으로 비로소 우주의 전체를 구성해 간다고 생각되고 있습니다. 태양과 달, 여름에 이어 겨울이 오는 것과 같은 식으로 말입니다.

이러한 '토착화'에 대한 궁리는 다른 곳에서도 찾아볼 수 있습니다. 하기의 전지에 〈성탄〉이라는 제목의 작품이 있습니다. 화면 중앙에서 목에 방울을 맨 나귀가 열린 창으로 목을 들이밀고 마리아와 아기 예수를 바라보고 있습니다. 마리아의 머리 위 창문에는 '행복과 축복'이라고 문양화된 중국 문자가 새겨져 있어, 예수 탄생과 함께 새로운 한 해가 시작됨을 상징적으로 알려 주고 있습니다. 이때의 신년은 중국 달력에서 호랑이 해에 해당하기 때문에 화가는 '아기 예수에게 호랑이 모자를 씌웠습니다(!)'라고 부기하고 있습니다. 나아가 화면 최상부의 창틀에는 주둥이를 마주 대고 있는 까치들이 그려 넣어져 '좋은 소식'이 왔음을 알리고 있습니다.

하기에 의하면 "우리 민중 문화는 복음의 메시지를 묘사하는 풍요로운 이미지의 원천입니다. 이들 이미지는 시간과 공간을 초월해서 현대 인간에게 한층 더한 친근감을 가져오는 수단인 것입니다."

하기가 이처럼 복음의 중국식 표현에 대해 관심을 갖게 된 데는 티베트에서 불교 미술을 접한 것이 큰 영향을 미친 모양입니다. 하기에 의하면, 불교도 기독교도 외부에서 전래

그림 31_하기의 〈성탄〉

되어 온 종교입니다. 그럼에도 많은 중국인들이 불교는 외국 종교라고 생각하지 않는 반면, 기독교는 '서양 종교'로 간주하고 있습니다. 그 원인을 그는 오랜 중국 역사 가운데 불교가 중국 문화와 혼합되었기 때문이라고 설명합니다. 인도에서 전래된 불교가 처음 전도에 실패한 후, 티베트 의상을 몸에 두르고 새로운 문화적 환경에 동일화함으로써, 중국 민중 사이로 확산되었다는 것을 인식하게 되었다고 말입니다.

확실히 19세기 중국에서 기독교의 영향은 아편전쟁과 중첩되었습니다. 복음 선교가 서구의 제국주의적 침략과 함께 이루어지고, 서구의 군사력과 함께 도래한 기독교 예술도 '문화적 제국주의' 양상을 띤 것이 선교의 좌절이라는 불행을 초래했던 것입니다. 그러나 하기에 의하면, 복음의 메시지는 '전 세계에 타당한' 것이고, 그것을 '중국 미술 스타일로 포장한다'면 지금까지의 서구적 종교라는 잘못된 기독교관을 변화시키는 데 기여할 수 있을 것이라고 합니다. 그는 중국 개신교회의 '삼자三自애국운동'자립, 자전(自傳), 신학적 주체성 확립 운동―역자 주의 정신에 깊이 공명하였는데, 그것의 한 예로 구약성서의 다윗과 골리앗 이야기를 북경의 경극 이미지를 따라 제작한 바 있습니다.

이러한 '토착적 기독교 미술'에 대한 깊은 관심과 표현 방식은 민중생활에 뿌리를 내린 전통적인 상징을 사용함으로써 복음이 쉽게 받아들여지게 하려는 것입니다. 최근의 선교학자 중에는 이러한 하기의 시도에 대해 "복음텍스트과 문화컨

텍스트가 상호 교류하는 가운데 각각의 문화 내부에서 복음이 어떠한 형태를 취할 것인가 하는 복잡한 과정이 진행된다. 이 과정에 관해 인간이 자유롭게 관여할 여지는 매우 한정적일 수밖에 없다"V. 큐스터라는 의견도 있습니다.

그러나 탕자의 귀환이 추석의 기러기의 귀향과 중첩된다면, 이러한 토착화의 지향에는 어떤 문제성이 내포되어 있는 것은 아닐까요. '자기 자신에게로 되돌아간다'는 탕자의 회심과 그를 용서하고 지지하는 하나님의 크신 사랑이라고 하는 복음의 메시지가 갖는 이질성 또는 충격성이 울려 퍼지지 않게 되기 때문입니다.

범박范朴《심로역정心路歷程》의 세계

하기에 비해 좀 늦게 출발하여 현재 에큐메니칼 진영에서 가장 주목받고 있는 전지 예술의 대표자로서 범박 여사가 있습니다. 그녀는 중국 산동성에서 2대째 기독교 가정의 딸로 1948년에 태어났습니다. 조부모는 19세기 말 대기근 시기에 기독교에 입교했습니다. 산동반도 지푸芝罘에서 활약한 미국 장로교 선교사 헌터 코베트郭顯德 목사는 지치지 않는 인도주의적 활동으로 민중에게 절대적인 신뢰를 얻었습니다. 범박 여사의 아버지는 젊은 시절부터 코베트 목사와 활동을 함께했고, 1930년대의 '산동 리바이벌'에서 인격적 회심을 체험했습니다. 그는 목사로서의 직무를 감당하면서 전통적인 서예에도 힘을 기울였고, 공산주의 중국의 장기간에 걸친 종교

탄압 아래에서도 판화가로서 예술 활동을 하여 가족을 부양했습니다. 이러한 가정 환경이 범박 여사의 예술 작품에서 물씬 풍겨 나는 신앙적 경건의 특질을 규정하고 있습니다 V. 큐스터, 〈회화에서 말하는 복음서—범박의 전지 연작〉, 《신선교학 잡지》, 2002년.

그녀는 이미 유소년기에 언니를 통해 전지 세계에 친숙해진 모양입니다. 그러나 문화혁명에 의해 지방으로 하방下方되어 노동자·농민과 생활을 함께하는 가운데 민중에게 전지예술이 갖는 중요성을 발견했다고 합니다. 이 예술을 통해 그녀의 신앙을 표현하고, 그것을 다른 많은 사람들에게 전달할 수 있음을 자각했던 것입니다.

범박의 《심로역정》2010년은 오늘날까지의 그녀의 작품을 집대성한 것입니다. 개개의 작품에 대한 그녀 자신의 짧은 해설을 포함한 자전적 문장을 통해 전지예술에 대한 그녀의 신앙고백이 잘 나타나 있습니다. 내용적으로는 예수의 생애를 그린 작품이 압도적으로 많고, 종종 구약성서의 장면도 테마로 다루고 있어 '서민을 위한 복음서'적 취향이 엿보입니다. 이 작품 가운데 〈돌아온 탕자〉1999년가 있습니다.

그림 32_하기의
〈돌아온 탕자〉(1999년)

'돌아온 탕자'의 부친은 십자로 한 가운데에 서 있습니다. 아버지는 양손을 높이 들어 올려 아들의 귀향을 기다리고 있습니다. 화면 좌측 상단에는 '돌아온 탕자'가 아버지와 가족에게 마지막 인사를 하고 떠나는 장면이 있습니다. 화면 좌측 하단에는 그가 유녀들에게 둘러싸여 방탕한 생활을 하면서 아버지에게 받은 재산을 쓸데없이 낭비하는 모습이 나타나 있습니다. 화면 우측에는 그가 소유한 모든 것을 잃어버리자 친구들이 그를 버리고 떠나는 모습이 있습니다. 그 아래 장면에는 그가 돼지가 먹는 쥐엄나무로 배를 채우려는 모습이 보입니다. 마지막으로 좌측 아래에는 아버지 집을 잃어버렸음을 후회하며 눈물을 흘리는 탕자의 옆얼굴이 크게 그려져 있습니다.

커다랗게 그려진 십자로에 선 아버지는 분명 예수 그리스도이며, 나아가 그의 사랑을 통해 드러나는 아버지 하나님을 나타내고 있습니다. 그것이야말로 이 전지화의 중심 주제임을 인상 깊게 나타내고 있습니다. 이 그림을 해설한 짧은 문장 마지막에, 화가 자신의 호소가 있습니다. "집에 돌아가십시오! 방황하고 있는 아들들이여! 언제나 우리를 사랑해 주시고 우리의 귀향을 기다리고 계시는 하늘 아버지가 계십니다."

이 아버지는 중국옷을 입고 있습니다. 범박 여사의 회고에 의하면, 기독교 예술의 '토착화'라는 과제에 대해 초기에는 꽤 소박한 이미지를 가지고 있었다고 합니다. 중국옷을 입히고 중국의 문화적 상징을 그림에 집어넣으면 그것으로 충분하다고 생각했다는 것입니다. 그러나 그때에도 예수의 모습을 그릴 경우에는 그러한 방법을 안일하게 사용하려는 생각은 별로 하지 않았다고 합니다. 왜냐하면 그녀는 "자신의 마음의 눈에 투영된 그대로의 예수의 본질을 명시하고 싶었기 때문이다"라고 말합니다.

작품집에 있는 〈예루살렘 입성〉1992년은 이 점과 관련해 참으로 인상적입니다. 화면 중심에는 무늬가 있는 의복을 입고 머리 위에 후광을 두른 예수가 나귀를 타고 있습니다. 흥미 깊은 것은 예수님의 상을 둘러싼 커다란 원 안에는 세계의 많은 나라와 도시, 나아가 종교를 상징하는 건축물들이 그려져 있다는 점입니다. 피라미드나 스핑크스, 타워 빌리지, 국회의사당, 개선문과 에펠탑, 자유의 여신상, 마천루, 불교의 사리탑과 이슬람 사원, 풍차, 후지산, 파고다, 타지마할 등등. 이러한 상징물들을 둘러싸고 있는 가장 바깥쪽의 커다란 원 안에는 남성과 여성이 번갈아 서서 손에 종려나무의 작은 가지를 흔들면서 기쁨의 윤무를 추고 있는 모습이 나타나 있습니다. 예수 그리스도는 예루살렘에 입성했을 뿐만 아니라, 그의 도래는 말 그대로 지상의 모든 "온 백성에게 미칠 큰 기쁨"눅 2:10의 소식인 것입니다.

그림 33_범박의 〈예루살렘 입성〉(1992년)

물론 범박 여사도 이 작품집에 담은 자전적 서문에서, 복음의 '토착화'의 문제의식에 대해 언급하고 있습니다. "말씀이 육신이 되어"요 1:14라는 메시지가 의미하는 진수를 자각하게 되었다고 말입니다. "생명의 종자는 이 특정한 토지에 심어진 후 오직 여기에서만 자라고 꽃이 피고 열매 맺는 것입니다. 같은 종자가 다른 토지에 뿌려졌을 경우, 좀 다른 열매를 맺었다 해도 그것들의 본질은 동일한 것입니다." 기독교적 생활이 중국의 문화적 풍토 속에 심어졌을 때 '건전하고 건강하게' 자랄 수 있다고 단언하고 있습니다.

그녀에게 있어서 지금까지의 중국 선교 역사 가운데 전해 온 속설, 즉 '한 사람의 기독교도가 태어나면 중국인 한 사람이 감소한다'라는 식의 사고방식은 피상적인 것에 불과합니다. 이렇게 말하는 사람들은 신앙이 문화나 정치, 지식 등과 같은 차원에 속하는 것이 아님을 이해하지 못하는 사람들입니다. 종자와 풍토의 관계를 나타내는 복음의 '토착화'라는 것은 '이식된 종자를 지방 고유의 특수성 안에 수식적으로 포장하는 것을 의미하는' 것이 아닙니다. '기독교적 생명은 외면적인 것이라기보다 오히려 어떤 내면적인 것이다'라고 기록하고 있습니다.

이와 관련해서 흥미 깊은 것은 범박 여사가 최근 《논어》를 비롯한 중국 고전의 시문을 (서예가인 아버지의 작품을 사용해서) 〈심사〉沈思라는 제목의 전지 시리즈에서 다루면서, '전통적인 중국 문화를 기독교인의 눈으로 해석하는 것'을 시도하고 있다는 점입니다. "우리 중국인은 《논어》가 넓고 깊은 지식을 내포하고 있고 중국 문화의 본질을 나타내고 있음에 자긍심을 느껴야 합니다"라고 쓰고 있습니다. "공자와 예수는 많은 유사점이 있습니다. 서구 문화와 동양 문화 사이에 사실상의 대립이나 갈등이 있다고는 생각하지 않습니다."

그러나 여기서 한 걸음 더 나아가 그녀는 덧붙여 말합니다. "이 나라를 통치하기 위해서는 《논어》의 도움으로 충분하다고들 합니다만 저는 성서가 더 심원하다고 믿고 있습니다"라고. 여기에서는 중국의 고전을 '복음을 예비하는 것' praeparatio evangelica이라고 해석하는 그녀의 자세가 선명히 나타나 있습니다.

그 한 예를 소개하겠습니다. 범박 여사는 '아침에 도를 깨우치면 저녁에 죽어도 좋다'는 《논어》의 구절을 인용하면서 "공자는 국가를 통치하는 이론을 세우기는 했으나 그 이론을 실행할 기회를 갖지 못했습니다." 그에 반해 예수는 이 세상에서 삶의 목적을 달성했음을 십자가상의 최후의 말로서 "다 이루었다"요 19:30라고 선언하셨습니다. "이 사실을 기록한 성서는 분명히 심원합니다. 의문을 품으시는 분은 성서를 펴서 읽어 봐 주십시오."

범박 여사의 작품에 관해 '중국화'가 표면적인 점에 그치고 있는 것은 아닌지, 전통적인 서구성 곧 오리엔탈리즘적 이미지가 지배적이지는 않은지, 하나님의 말씀은 한층 더 '중국적 컨텍스트 안에서 번역되어야 하지 않은지'M. 겐스바우어 하는 지적도 일부에서 제기되는 모양입니다. 그러나 그녀의 작품에는 '산동 리바이벌'이라는 출신 가계의 경건주의적 전통이 깊이 각인되어 있음은 분명합니다. 여사 자신도 인정하고 있는 '컨텍스트에 입각한'이라는 과제의 한복판에서, 그럼에도 저 십자로의 중앙에 선 아버지의 커다란 모습과 같이 중국에 있어서도 복음의 '보편적인 구원의 약속'은 타당하다는 그녀의 확신은 참으로 힘차고 명확한 것입니다.

3) 와타나베 소이치渡辺總一의 세계

현대 일본의 대표적인 기독교 미술가, 예를 들면 오오이소小磯良平나 다나카田中忠雄 등의 화집을 열어 보아도 특별히 '돌아온 탕자'를 다룬 작품은 눈에 띄지 않습니다.《와타나베 사다오渡辺楨雄 성서 판화집》신교출판사, 1986년 권말의 미수록 리스트 가운데 세 개의 관련 작품이 기재되어 있을 뿐입니다. 이하에서는 와타나베 소이치1949년 출생의 〈아들의 귀환〉1997년, 그림 34을 살펴보겠습니다.

와타나베는 1980년대 이래 오직 성서적 테마를 주제로 한 작품을 통해 기독교 미술전과 함께 아시아·기독교미술전에도 참가하여 에큐메니칼하게도 잘 알려진 신진 화가입니다. 그의 화풍은 처음에는 약간 사실적인 기법을 나타냈는데, 고흐에서 클레에 이르는 유럽 표현주의 미술과의 만남을 통해 한층 단순한 형태를 추구하여, '반추상적 표현'을 통해 신앙으로 살아가는 인간 실존 모습을 추구해 나가게 되었습니다.

〈아들의 귀환〉에서는 성서 텍스트에 나오는 주변적인 인물이나 사건 등이 전부 제거되고, 아버지와 아들 두 사람이 재회하는 모습만이 그려져 있습니다. 이것이야말로 이 비유의 클라이맥스가 되는 중심적인 테마입니다. 와타나베 작품에서는 순수한 추상적 환원을 통해 본질적인 메시지만을 그리고 있는 것입니다.

아버지와 아들은 검은 선으로 확실히 부각되어 있습니다.

아들은 무릎 꿇은 자세로 아버지의 가슴에 머리를 기대고, 왼손으로 아버지의 몸을 꽉 붙들고 있습니다. 그의 더러워진 신발에는 그때까지의 삶의 고난의 흔적이 그대로 나타나 있습니다. 아버지는 온몸을 기울여서 아들의 몸을 덮어 주고 양손으로 꿇어 엎드린 아들을 힘껏 안아 주고 있습니다. 배경으로 쓰인 황색, 곧 황토색은 하나님의 용서와 상통하는 '빛으로의 해방'을 나타내며, '신적 계시의 성스러운 색'J. 친크, 《무지개색과 같이—하나님 나라의 일곱 가지 이미지》, 1986년이기도 합니다.

특히 와타나베가 그리는 인물상을 특징짓는 것은, 등장인물의 이목구비가 그려져 있지 않다는 것입니다. 현대 화가 가운데서도 이러한 예가 없지는 않습니다. 한 예를 든다면, 발티우스가 젊은 시절 습작을 위해 초기 르네상스의 유명한《그리스도의 부활》피에로 델라 프란체스카 작을 모사했을 때와 같이 말입니다. 그는 그림을 보는 사람이 자기 마음에 떠오르는 이미지를 그려 넣으라고 하여 그렇게 했다고 설명했습니다.

인물의 표정을 구체적으로 나타내지 않은 점에 대해 와타나베 자신이 설명한 내용도 거의 동일합니다. 그 이유의 하나는, 그림을 보는 자가 '자유롭게 그림 속 얼굴 표정을 상상할 수 있도록' 하기 위해서라는 것입니다. 이것을 한층 더 일반화시켜서 말한다면, 추상 미술이 갖는 '심층적 차원'이 감상자 자신의 주체적 참여를 통해 비로소 이해할 수 있게 된다는 사실과도 상통합니다.

그러나 와타나베가 제시하는 또 하나의 이유는 보다 깊은

▲그림 34_와타나베 소이치의 〈아들의 귀환〉(1997년)
▼그림 35_와타나베 소이치의 〈새 하늘 새 땅〉(2010년)

시사점을 던져 줍니다. 즉 그는 구도 시절에 만난 알베르트 슈바이처의 《예수전 연구사》에 있는 유명한 다음 문장을 후기의 제작 과정 가운데 떠올리게 되었다는 것입니다.

> 호숫가에서 예수님을 만난 저 사람들은 그가 누구인지 알지 못했다. 그렇게 예수는 알지 못하는 사람, 이름 없는 사람으로서 우리에게 다가온다. 예수는 '나를 따르라'고 말씀하시고 … 예수를 따르는 사람들에게 … 자기를 나타내신다!"
>
> 《가장 작은 자를 위하여—와타나베의 예술》, 저자 후기, 2010년

와타나베의 '돌아온 탕자'와 관련해 주목되는 것은 그의 〈새 하늘 새 땅〉2001년이라는 제목의 계시록계 21:1-4을 다룬 작품입니다. '돌아온 탕자'의 비유에서 나타난 하나님의 사랑과 화해의 사건이 만인에 대한 종말론적 희망으로서 확인되고 있는 것입니다.

와타나베의 이 작품에서 성스러운 '새 예루살렘'계 21:21은 소박한 지붕만이 붙어 있는 한 채의 집으로 표현되어 있습니다. 그것은 성서 텍스트에 있는 것처럼 말 그대로 '초막'으로, 두 사람의 인물을 위한 공간을 제공할 뿐입니다. 그 집을 지탱하고 있는 옆면 벽은 조금 기울어진 한 그루의 나무로 되어 있습니다. 그것은 분명히 대단히 유연한 벽입니다. 필요하다면 더욱더 많은 사람들을 받아들일 수 있는 장소를 제공할 수 있을 것으로 예상됩니다. 그러나 그보다 중요한 것은 하나

님 자신이 거기에 있어 주신다는 것이 아닐까요?

"보라 하나님의 장막이 사람들과 함께 있으매 하나님이 그들과 함께 계시리니 그들은 하나님의 백성이 되고"계 21:3. 하나님은 이 '초막'에 자애 가득한 아버지같이 혹은 깊은 연민에 빠진 어머니같이이 책 156면 참조 고난에 휩쓸려 버린 인간을 그 팔로 안고 "모든 눈물을 그 눈에서 닦아 주"계 21:4신다는 것입니다.

화면에 나타난 사람이 입고 있는 의복은 더러워져 있고, 또 땅에서의 고난의 흔적을 담고 있습니다. 그러나 하나님은 그 손으로 인간의 더러움을 만지는 것을 결코 주저하지 않습니다. 의로움, 성스러움으로 빛나는 하나님의 순백함은 머지 않아 이러한 '잃어버린 자'의 전신을 덮고, 하얗게 정화된 자가 되게 해주실 것입니다.

화면 아래에는 도시를 흘러가는 '수정같이 빛나는 생명나무의 샘'계 22:1이 그려져 있습니다. 천변에 서 있는 '생명나무'는 일 년에 열두 번, 가지가 휠 정도로 열매를 맺어 '그 나뭇잎은 여러 나라 백성의 병을 낫게 한다'고 합니다. 이 천변에 서 있는 '생명나무'야말로, 조금 전 보았던 '초막'의 한쪽 벽이 되어 있습니다. 이 화면이 말하고 있는 것은 '더 이상 슬픔이 없고 더 이상의 비탄함도 애통함도 수고로움도 없어진다'는 희망일 것입니다계 21:4. '새 하늘 새 땅'에 하나님이 임재하실 때 이러한 고난은 다 사라져 버릴 것입니다.

이 작품을 완성한 와타나베 자신은 짧은 해설 마지막 부분에 이와 같이 쓰고 있습니다. "전에 그린 돌아온 탕자의 그림과 중첩된다는 생각이 들었습니다" 와타나베 소이치, 《함께 걷는 그리스도—기도의 조형》, 2004년. 이것을 역으로 본다면, 계시록이 말하는 종말론적 희망은 하나님의 용서 아래 살아가는 '돌아온 탕자'에게는 이미 지금 여기에서 생생한 현실인 것입니다.

테오 준더마이어의 도상학적 해석

에큐메니칼리즘의 혁신적인 신학자 테오 준더마이어 하이델베르크 대학 명예교수는 아시아 각지의 종교 미술 작품에 대한 해석을 통해 선구적인 선교론을 시도하고 있습니다. 그는 최근, 고대에서 현대에 이르는 《세계의 기독교 미술 입문》 2007년이라는, 시사에 풍부한 계몽서를 출판했습니다.

표지에는 와타나베 사다오의 유명한 〈최후의 만찬〉 1982년이 사용되어 한층 더 흥미를 끌고 있습니다. 이 표지 그림에서, 중앙의 테이블 한가운데에는 일본 가정의 잔치 때 흔히 볼 수 있는 축하의 커다란 도미가 놓여 있고, 그 주위에는 많은 스시 접시(!)가 놓여 있기 때문입니다. 준더마이어 교수는 와타나베 사다오의 작품을 앞서 말한 중국의 범박 여사의 전지작품과 더불어 기독교 미술을 문화적 풍토와 결합시킨 독특한 수법으로 주목하고 있습니다.

준더마이어 교수는 와타나베의 판화가 많은 점에서 바를라흐의 목조를 연상시킨다고 합니다. 이 표지 그림에서는, '최후의 만찬'에서 예수가 말하는 놀라운 예고를 들은 제자들의 반응이 그려져 있습니다. 그러나 같은 장면을 그린 레오나르도 다빈치의 유명한 프레스코화와는 달리 어떠한 제자도 극적인 몸짓을 보이지 않습니다. 어디까지나 조용한 태도를 지키고 있는 듯 보입니다. 그러나 그들의 가느다란 손가락에서 엿보이는 미묘한 움직임은 표현력 풍부하게도 그들이 내심 경악과 당혹스러움 그리고 초조함과 거부의 감정을 느끼고 있음을 나타냅니다. 제자들은 모두 순박한 표정을 짓고 있습니다. 이 화가에게 기독교 신앙은 교양주의적인 엘리트의 것이 아니고 소박한 서민, 어민이나 농민, 노동자의 옆에 있어야 하는 것입니다. 그리스도가 우리 집이라고 하신 것은 바로 그러한 사람들의 한가운데입니다. 이 도상 해석의 마지막에는 "예수 역시 제자들과 마찬가지로 대단한 얼굴을 하고 있지 않다. 그러나 제자들에게 깊은 자기 성찰을 요구하는 그의 시선은 오늘 더욱 생생하게 작용하고 있다"고 쓰고 있습니다.

그림 36_테오 준더마이어의 《세계의 기독교 미술 입문》 (2007년) 표지

준더마이어 교수는 와타나베 소이치의 작품에도 깊은 관심을 기울입니다. 와타나베가 초기 리얼리즘의 화풍에 머물러 있었다면, 성서적 테마나 성서 텍스트에 집중하는 일러스트 화가가 되었겠지만, 그 후 추상화의 양식을 통해 성서 텍스트의 새로운 통찰과 해석의 길을 엶으로써 이제 와타나베의 '그림은 언어 이상으로 많은 것을 말할 수 있게 되었다'고 높이 평가하고 있습니다준더마이어, 《일본과 한국의 기독교 미술》, 2010년.

준더마이어 교수가 특히 주목하는 것은 와타나베 작품에서 인물들의 구체적인 동작의 표현입니다. 분명 와타나베도 루오와 같이 색채를 덧바르는 기법을 통해 이 작품에 깊이를 더하고 있습니다. 그러나 루오의 경우 색채가 전면으로 나와 그림을 보는 이에게 색의 중요성을 강요하는 경향이 있는데, 이에 반해 와타나베의 경우 색채는 배후로 물러나고 윤곽선이 역동적으로 나타나게 됩니다. 루오와 달리 이 선의 표현 그 자체도 가늘고 섬세하다는 것입니다.

와타나베의 그림에서는 '신체 전체에 의한 몸짓을 통해서 분노, 저항, 두려움, 후회, 또는 호의, 배려, 나아가 동정심이 표현되고 있습니다.' 준더마이어 교수의 주장에 의하면 이러한 신체적 동작에 작품의 중심 주제를 환원하는 것은 결코 형태를 무시하고 신체성에 귀착시키는 것이 아닙니다. 오히려 한정된 공간에서 이루어지는 인간의 만남에 집중하는 모양새로 형태화하고, 나아가 색채로 강조되기 때문에, 작품을 보는 사람이 섬세한 감성의 소유자라면 내면적인 영혼의 사건에 대해 한층 더 깊이 인식할 수 있도록 이끄는 것입니다. 또한 준더마이어 교수는 이렇게 말합니다. "모든 것이 그 신체적 동작으로 표현되는 '태도'에 집중되어 있다. 그 경우 신체는 내면 깊숙한 곳에서 솟아나는 감정을 감추지 않는다. 신체의 움직임은 남을 속이기 위한 연기가 아니다. 인간은 순수한 형태로 자기를 표현하는 존재가 되는 것이다. 그의 생의 비밀은 말하자면 '공공연한 비밀'이 되는 것이다. 그 신체적 동작에서 '인간은 전면적으로 그 자신이 된다.' 말하자면 가면이 벗겨지고 내면에서 생겨나는 영혼의 움직임이 표현되어 나오는 것이다.'

준더마이어 교수는 와타나베가 일본이라는 사회에서 성장하지 않았다면 이러한 작품은 불가능했을 것이라고 단언합니다. 일본 사회는 행동 작법과 뉘앙스 하나하나가 어떠한 의미가 있는가를 기억하고 인식하는 사회이기 때문이라고 말입니다. 이러한 평가는 아시아에 깊은 관심을 가진 이방 연구자들의 과잉 공감이 아닌가 하는 느낌도 없지 않아 있습니다. 그러나 이 해석에는 복음의 메시지 토착화론에 관한 시사적으로 매우 풍부한 지적도 포함되어 있습니다.

그 사이에 와타나베의 작품은 에큐메니칼리즘의 세계에도 알려지게 되어 WCC 관계 기관지의 표지에도 종종 등장하게 되었습니다. 준더마이어 교수는 와타나베가 성서 텍스트와의 대화를 통해 '세계 시민으로서의 예술'을 창조했다고 단언합니다. 또한 이 경우 그가 일본인이라는 것은 어떤 의미가 있는가 하는 질문을 제기하며, 참으로 혁신적인 선교 학자다운 해석을 전개하고 있습니다.

와타나베 작품의 특징 가운데 첫 번째로 앞에서 말한 바와 같이, 신체적 동작 즉 몸짓 표현의 중요성이 강조되고, 그것이 일본 전통문화의 인간관계의 농밀함에서 유래한 것이 아닐까라고 지적되고 있습니다. 그러나 교수의 해석에 의하면 와타나베의 작품에서 '일본인의 일반적인 예의 범절과 달리 지위가 서로 다르다는 것은 어떠한 역할도 하고 있지 않다' 오히려 '그것은 그리스도의 만남을 통해 지양되고 있다'는 것입니다. 이것은 주목해야 할 부분입니다. 신체적 동작이 신분 관계라든가 상하 위계질서에서 떨어져 나와 인간 내면성의 표출로 보편화되고 있는 것입니다.

준더마이어 교수가 제시하는 두 번째 특징도 참으로 독특합니다. 즉 유럽 근대에서 회화의 원근법은 역사의식의 성장과 더불어 등장했습니다. 이와 대조적으로 전통적인 일본인을 지배하고 있는 시간 감각은 '일종의 무시간적인 비규정성'으로, 이 문화는 '정원 예술에서도 회화에서도 원근법을 모른다' '과거는 지금이라고 하는 현재 가운데 완전히 수렴되고', '명상하는 자는 바로 지금 이 순간 깨달음을 얻는다'는 것입니다.

준더마이어 교수에 의하면 와타나베의 작품 역시 '사건을 원근법화 하지 않는' 점이 특징입니다. 따라서 거기에는 '성서 이야기에 대한 역사적인 거리'가 존재하지 않으며, 와타나베의 그림을 규정하는 분위기는 '일종의 시간 상실성'이라고 단언합니다. 동시에 와타나베의 작품은 '현재라는 시간'을 농후하게 발산시키고 거기에 '지금은 구원의 시간'고후 6:2라는 바울적인 종말론적 신앙고백과 통하는 바가 있다는 것입니다. 말하자면 복음적 메시지의 신앙적 '동시성'이 회화적으로 표현되어 있다고 해석되는 것입니다.

'일본인의 시간 감각과 성서의 구원의식, 이것이 와타나베의 회화 가운데 서로 호응하면서, 이 예술가를 복음의 중요한 해석자로 삼고 있다. 이 복음 해석자가 말하는 것에 귀 기울일 충분한 가치가 있다'준더마이어, 〈와타나베 소이치의 회화에 대하여〉, 사토(佐藤司郎) 역, 앞의 책 《가장 작은 자를 위하여》.

복음 선교와 문화적 풍토

지금까지 선교학에서 복음의 토착화indigenization라는 용어가 일반적으로 사용되어 왔습니다. 그러나 최근에는 이를 대신해 문화 내 개화inculturation라는 단어가 현대 선교학의 키워드 중 하나가 되었습니다. 그것은 지난 세기까지 아시아를 비롯한 제3세계에 확산된 유럽식 선교 이해에 대한 자기비판을 동반한 것입니다. 즉 복음 선교와 식민주의의 결합 가운데 선교지의 전통 문화를 저평가하는 '문화적 제국주의'를 극복하려는 목적인 것입니다.

그 목적은 민중문화에 기독교적 체험을 결합시키는 것에 그치지 않고 전통 문화를 활성화하고, 새롭게 방향 짓는 것, 나아가 그것을 통해 에큐메니칼한 교회 혁신에 봉사하려는 것입니다. 문화적 형태 없이 신앙적 표현이 있을 수 없다는 것은 당연한 일입니다. 그러나 복음 선교의 이름으로 단지 전통적 문화를 그대로 인정하기를 요구하는 것 역시 아닙니다.

이와 관련해서 과도하게 협조적 즉 타협적인 '문화 내 개화' 신학에 강한 경고W. 후버를 표할 필요가 있다는 지적도 결코 간과해서는 안 되겠습니다. 이미 예수의 선교는 신앙과 문화의 일의적—義的인 일체성을 타파했습니다. 전통적인 율법 이해에 새로운 전환을 가져온 예수의 급진적인 회개의 촉구는 인간의 삶의 모든 면에 타당하고, 그렇기 때문에 신앙의 문화적 표현 형태에 대한 문제제기도 동반하는 것입니다.후버, 〈문화 내 개화—사회에서 기독교적인 것의 나타남에 대하여〉, K. 호만, I. 리델 슈방엔베르거 공편, 《신앙 세계의 발견법》, 1997년.

'문화 내 개화'에서 한 걸음 더 나아가 최근에는, 예를 들면 라틴아메리카의 해방신학에 입각하여, 현실의 정치적·사회적·문화적 과정에 대한 복음의 '상황화' 즉 역사적인 '문맥화'contexualization가 제기되는 경우도 있습니다. 신앙이 그때그때의 상황에 깊이 관여하여 역사적 책임을 질 것을 요구하는 것입니다. 이것이 의도하는 것은 현실에 매몰되는 것이 아니라 새로운 희망에 근거하여 역사 과정에 주체적으로 참여함으로써 전체적인 상황을 변혁해 가는 것입니다.

그런 의미에서 종말론적인 시점 아래의 '이방성'의 원리, 즉 기독교인에게 지상의 '영원한 도성'은 결코 존재하지 않는다는 것, 토착문화에 대해서도, 기존의 현실에 대해서도, 늘 '본향을 천국에 두는 자'로서 새로운 역사 형성 곧 변혁을 이끌어 낼 가능성이 있다는 것을 잊어서는 안 되겠습니다. 기독교 미술 역시 현실 세계와 적극적으로 소통함으로써 성서 텍스트의 새로운 이해를 열어 가고 현대에 새로운 희망과 예언의 방향성 즉 상황화를 표현할 과제가 있습니다.

2011년 3월 동일본을 습격한 지진, 쓰나미, 원자력 발전소

의 재앙 한가운데에서 다시 그려진 와타나베의 〈우는 사람과 함께〉라는 제목의 유채화가 있습니다. 관련 성구로 "예수께서 눈물을 흘리시더라"요 11:35가 인용되었습니다. 커다란 팔을 벌려 흐느끼는 두 사람(한 사람은 한 손을 대고 또 한 사람은 그의 어깨 위에 몸을 구부리고 있습니다)을 감싸 안고 머리를 숙인 인물은 예수 자신을 나타냅니다. 화면 양옆에 그어진 세로선은 이 그림 전체를 관통하는 폭넓은 십자가 기둥을 암시합니다. 따라서 양옆 선의 내측 가운데쯤에 그어진 두 개의 짧은 가로선은 각각 십자가 가로축의 좌우의 끝을 나타냅니다. 이들 양 끝을 상상력을 가지고 합쳐 보면 세 사람의 배후에는 (말하자면 믿는 사람의 눈에만 볼 수 있는) 커다란 십자가가 서 있는 셈입니다. 와타나베에 의하면 "아픔, 슬픔, 쓰라림을 짊어지신 예수 십자가와 부활이 여기에 있다"는 것입니다.

탕자의 정신사

이 세 사람의 신체적 동작은 황토색 배경과 더불어 전체적으로 와타나베의 〈아들의 귀환〉의 변주로 보입니다. 〈아들의 귀환〉에 나타난 아버지의 크나큰 사랑이라는 이미지는 여기에서 현대 일본을 뒤덮는 어두운 시대 상황에 대한 기독교 미술의 상황화 즉 역사적 문맥화를 표현하는 것이 되어 있습니다. 이를 근저에서 지탱하는 것은 계시록 21장 말씀과 같이, '눈물을 닦아 주시고', '죽음도 슬픔도 탄식도 없어지는' 종말론적 희망이 아닐까요?

사실 와타나베는 그 후 〈아들의 귀환〉에 새롭게 손을 더해 가며 작품을 몇 번인가 고쳐서 〈오너라, 쉬게 하리라〉2009년를 완성했습니다. 배경은 황토색에서 녹색으로 바뀌었습니다이 책의 표지 그림. 녹색은 대지의 생명의 색깔로, 와타나베 자신 생태와의 관련성을 의식해서 사용했다고 말하고 있습니다. "녹색, 그것은 창조와 혁신, 구원의 색입니다. 전환을 가져오는 힘, 살아 있는 생생한 모든 것을 관통하는 성령의 에너지가 암시되어 있습니다"J. 친크, 앞의 책.

2부
'돌아온 탕자'의
정신사

예수는 많은 비유를 말씀하셨습니다. 비유는 문학적 장르로서 매우 오랜 전통을 가지고 있습니다. 그것은 설화의 형식을 가지고 비유적 언어를 이야기로 확대한 것입니다. '하나님 나라'에 대한 예수의 복음은 비유적 화법에 근거할 뿐만 아니라, 더 일반적으로 말하면 성서적인 사고방식 자체가 비유적이라고 지적되고 있습니다. 그렇다면 예수의 비유에서 특정한 신조나 신학 명제를 따라 그 의미 내용을 임의로 추출하는 것은 비유의 생명력을 파괴하는 일이 될 것입니다 K. 엘레만, 《비유의 해석》, 1999년.

이들 비유는 대부분 등장인물을 소개하는 출발점에서부터 청자의 주의를 끌면서 목표를 향해 극적으로 고조되어 갑니다. 이야기의 결정적인 부분인 절정에서 전체를 통괄하는 하나의 메시지를 전달하는 것입니다. 비유의 '내용'은 하나님에 대한 일반적인 정보를 전달하는 것이 아니라 오히려 '하나님 나라'의 도래가 사람들 사이에서 '사건'이 되도록 호소하는 것입니다.

그 비유 가운데 일상적인 생활 감각으로는 생각지도 못했던 '의외성'으로 가득 찬 메시지가 전해집니다. 말하자면, 예수는 비일상적인 설화에 근거한 '이화'異化 효과E. 슈바이처를 통해 청자에게 경탄과 기이한 감정을 갖게 하여, 전달하려는 사항에 대해 강렬한 관심을 불러일으키려는 것입니다. 여기서 말하는 자와 듣는 자 사이에 생생한 만남이 이루어지고 듣는 사람 자신도 이야기의 전개 과정에 참여하게 됩니다. 듣는 사람의 상상력을 매개로, 예수의 인격과 결합된 '이야기의 사건'E. 린네만이 일어나는 것입니다.

이제 '하나님의 나라'는 일상적인 현실에 대한 '대항적 현실'로서 제시되어 이제까지의 인간의 삶의 방식, 존재 방식에 근원적인 물음을 제기합니다. 물론 비유의 소재가 되는 것은 어디까지나 현실의 인간 세계에서 취한 것입니다. 그 점에서 이 세상의 현실과 관계를 맺고 있습니다. 그렇다고 해도 예수의 비유는 단순히 현실 세계를 그대로 묘사한 것은 아닙니다. '하나님 나라'의 비유는 그것을 넘어서는 은유적인 화법으로 들을 귀 있는 사람들에게 새로운 실존적 가능성을 깨닫게 하는 것입니다. 이 세상의 상식으로는 상상할 수도 없었던 '불가능한 가능성'에 눈을 뜨게 하려는 것입니다.

> 비유는 두 가지를 가르친다. 즉 비유는 한편으로는 '하나님 나라'를 이 세상의 눈으로 보는 것, 내지는 그것을 이 세상 언어

를 매개로 해서 이해하는 것을 가르치면서 다른 한편으로는 하나님의 눈으로 이 세상을 보는 것을 가르친다. 비유를 통해 하나님이 이해 가능한 존재가 됨으로써 인간은 자기 자신과 세계를 보다 명확하게 이해하는 것을 배운다

H. 베다, 《은유로서의 예수의 비유》, 제3판, 1984년.

앞으로 다루게 될 돌아온 탕자의 비유에는 형과 동생의 이야기라는 두 가지 내용이 포함되어 있습니다. 비판적인 성서학자 가운데는 비유의 후반부를 성서 기자 누가에 의한 확대로, 나아가 이 비유 전체가 누가의 창작에 의한 것으로 보는 사람조차 있습니다. 누가가 편집하면서 이 비유의 문체를 손보았다는 것, 또한 15장의 다른 두 개의 비유(잃어버린 양, 없어진 은화)와 나란히, 이 비유를 현재의 문맥 속에 넣었다는 점은 확실할 것입니다. 그렇다고 하더라도 이 비유는 내용적으로 하나의 전체를 이루고 있기에 어느 부분도 분리될 수 없습니다.

최근의 역사적·비판적 성서 해석도 기본적으로 이 비유가 '역사적 예수로부터 유래한다'H. 베다고 볼 수 있다면서 예수의 어록으로서의 진정성을 인정하고 있습니다. 좀 대담하게 말한다면, 우리는 이 비유를 통해 이른바 예수의 '육성'을 들을 수 있는 것입니다.

1. '돌아온 탕자'의 비유를 읽다

돌아온 탕자의 집

예수의 비유는 그를 둘러싼 수많은 청중, 곧 민중을 향해 말해진 것입니다. 따라서 비유에는 듣는 사람들에게 익숙한 여러 가지 생활 소재들이 사용되고 있습니다. 예를 들면, 밭 농사일이라든가 가축이나 물고기, 가정생활이나 어린이들의 놀이 등등입니다. 돌아온 탕자의 이야기에서도 팔레스타인의 어떤 자작농의 가정이 무대가 되고 있습니다. 이 비유 가운데 두 사람의 형제에게 상속될 재산12절이나 가축'살진 송아지' 23절, '어린 양' 29절, 많은 일꾼17절과 종들22, 25절이 등장하고, 그 외에 의류나 장신구, 반지, 신발22절, 나아가 음악이나 춤25절을 동반한 잔치 등이 언급됩니다. 이를 읽으면서 우리는 꽤 부유한 농가를 상상하게 될 것입니다. 그러나 이 아버지는 결코 대부호도 대토지 소유주도 아니라는 것을 주목해야 합니다.

이 비유에서는 밭농사에 '종들'을 쓰고 있지 않습니다. 그 수도 그리 많지 않을 것입니다. 오히려 수확기에는 고용인들 즉 자유로운 일일 노동자를 부리고 있습니다. 집 주인은 종들에게는 먹을 것과 입을 것을 일 년 내내 보장해 주어야 하지만, 고용인들에게는 노동 기간에만 부담해 주면 되는 것입니다. 더구나 형이 '밭에 있었다'는 것은 커다란 농장의 관리자처럼 집안에서 가정 일이나 재산 관리를 담당한 것이 아니었음을 말하고 있습니다. 그 자신이 직접 밭을 경작하고 고용인들을 지휘하고 있었음을 상상할 수 있습니다. 어쨌든 이 비유에 나타난 농가의 경제는 가족, 특히 아들들의 적극적인 협력에 의해 운영되었고, 거기에 소수의 종들과 자유로운 계절노동자들을 동원한 노동력에 의해 유지되고 있었습니다. 이 비유는 도시를 떠나 시골에 살면서 자기 땅에서 일하며 생활하는 자영 농민의 세계를 보여 줍니다.

이 아버지는 지금까지 정직하고 근면하게 일함으로써 오늘의 부에 이르렀다고 생각됩니다. 따라서 이 농가의 생활은 기본적으로 검소하게 살며 매우 힘들게 일해야 했을 것입니다. 잔치도 춤도 이 시골 생활에서는 결코 연중행사일 수 없었습니다. 그것은 극히 예외적인 경우였습니다. 형이 친구들과 함께 벌이는 잔치에서도 자신들이 키우는 가축 중에 어린 새끼 양 하나조차 잡은 적이 없었던 것입니다29절. 그 동생을 위한 잔치도 이 집의 형편에 걸맞게 간소했습니다. '살진 송아지'는 이 집의 형편에서 가장 맛있는 음식이었던 것입니다. 그것은 도시에 사는 부호들이나 대토지 소유자들의 호화로운 연회와는 비교할 수 없는 것이었습니다. 아마 화가 부뤼겔이 그린 농민의 결혼식 정도를 상상하면 될 것입니다.

경제적 관점에서 볼 때 이 가정의 삶은 검소하게 생활하고 근면하게 노동하는 가족 구성원과 그들이 지키고 늘려 가는 재산으로 성립됩니다. 그 경우 아버지는 현명하고 공정한 가장으로서의 역할을 확실히 해온 모양입니다. 계절노동자들에게도 임금뿐만 아니라 충분한 음식을 나눠 주고 있었기 때문입니다17절. 이러한 아버지의 모습은 고대 사회에서 경제적 착취를 일삼는 장원 경영자나 부재지주不在地主 등과는 구별되는 모습입니다. 만일 이 아버지가 대토지 소유자였다면 돌아온 아들에 대한 태도는 '경우가 맞지 않는 육친애'라고나 하겠지요. 즉 '노예나 고용인들에게 아무런 관심도 배려도 보이지 않는 무책임함과 대비되는 가족적 에고이즘'에 불과한 태도가 될 것입니다 W. 페르만, 《돌아온 아들과 집》, 1993년. 바로 이것이 성서 텍스트의 역사적·비판적 분석에서 도출된 주목해야 할 관점입니다.

동생의 집을 나섬과 귀환

젊은 아들, 즉 동생은 아버지께 재산 분배를 요구하고 있는데, 당시 상속권신 21:17에 의하면 전 재산의 3분의 2는 장자에게 주게 되어 있었습니다. 동생은 자신의 몫인 3분의 1을 아버지께 받자마자 그것을 전부 팔아 먼 나라로 여행을 떠납니다. 지금까지 많은 성서 주석에서는 이미 이 시점에 동생이 죄를 짓고 있다고 말합니다. 즉, 동생은 당시의 법률관계에 따르면 아버지의 생전의 증여에 의해 재산권을 취득할 수 있었습니다. 그러나 그 처분권까지 요구한 것은 불법이었습니다. 왜냐하면 증여한 후에도 아버지는 아직 사용권을 상실하지 않은 상태이기 때문입니다슈트락/비라벡. 아버지 생전에 증여된 재산을 매각한다는 것은 사실상 아버지를 무시한 행태로, 마치 아버지가 돌아가시거나 한 것처럼 행동하는 것입니다. 그는 이 행동으로 이미 가족과 모든 관계를 단절하고 아들로서의 신분을 상실한 것이라고 해석됩니다.

그러나 이 비유에서 아버지는 동생의 요구를 듣고도 놀라거나 분노하지 않은 채, 그의 뜻대로 맡깁니다. 작은아들은 슬픔에 잠긴 아버지의 눈동자를 쳐다보려고도 하지 않고, 마음을 단단히 먹고서 집을 떠납니다. 아버지가 아들의 출발을 저지하려고 하지 않은 점에서, 아버지는 오히려 작은아들의 '자립심과 모험심'K. 보른호이저을 기뻐한 것이 아닌가 하는 적극적·긍정적인 해석도 있습니다. 작은아들의 모습에서 기업가 정신으로 가득 찬 노력형의 젊은 농민의 아들W. 미하엘리스의 초상을 발견한 것입니다.

사실 작은아들의 여행 배경에는 당시 팔레스타인 본토 유대인들보다 몇 배가 많은 디아스포라 유대인의 존재가 있습니다. 교회사가 아돌프 하르낙의 유명한 고대 선교사 연구에 의하면, 유대인은 "지중해와 그에 인접한 로마제국의 대부분 지방에서 흑해나 카스피해, 나아가 시리아를 넘어선 동쪽, 메소포타미아, 바빌로니아, 메디아의 각 지역에 이르기까지 그 물망처럼" 산재해 있었다고 합니다《기독교 선교와 확대》, 제4판, 1924. 그들의 이주는 근동의 커다란 상업 도시의 매력적인 생활 조건, 또한 팔레스타인에서 종종 일어난 기근으로 인해 더 활발해졌습니다.

그러나 이 비유에서 작은아들이 이주해야 할 어떠한 근거도 찾을 수 없습니다. 오히려 지금까지 본 것처럼 아버지의 집은 작은아들에게도 충분한 경제적 기초를 제공해 왔습니다. 또 만약 법률적으로는 재산 요구가 인정된다 하더라도 가정의 경제를 지키기 위해 작은아들의 협력이 기대되고 있었던 것입니다. 그의 경우, 고향에 남아 있었다면 경제적·사회적 지위가 몰락할 염려는 없었고, 따라서 해외로의 탈출이 절박하게 필요한 상황도 아니었습니다.

이 젊은 이주자의 행동에는 미숙함과 반역성이 따르고 있습니다. 당시 평균 결혼 연령으로 추정해 보면 이 미혼의 젊은이는 아직 스무 살 전이라고 생각됩니다. 경험 부족과 자기 규율의 부재로 그는 몰락의 길을 걷고 있는 것입니다. 덧붙여 이 비유는 작은아들의 곤궁을 가능한 한 냉정한 문체로 묘사합니다. 그는 한껏 방탕하게 살며 재산을 탕진했습니다. 엎친 데 덮친 격으로 그 지방에서 일어난 기근 때문에 종국에는 타지에서 돼지를 키우게 되었습니다. 그것은 유대인으로서 사회적·종교적으로 수치스러워해야 할 부정과 하나님으로부터의 단절·분리를 의미하는 것이었습니다.

예수 시대에는 '이스라엘인이 돼지, 쥐엄나무가 필요할 때는 그가 회개한다'라는 유대인의 속담이 있었다고 합니다. 작은아들은 추락할 데까지 추락한 사회의 가장 밑바닥에서 비로소 심각한 자기 성찰w. 하르니쉬에 잠기지 않을 수 없었습니다. 그는 지금 처한 곤경이 자신의 책임이라는 것을 분명히 자각하게 된 것입니다. 지금까지 꿈속에서 (자기를 잃어버리고) 살아왔던 그는 마침내 정당한 분별력을 회복하고, 곧 '제정신이 든' 것입니다. 일체의 자기 정당화를 포기한 것입니다. 그는 미성숙한 자신이 단지 인생의 야망에 사로잡혀 경솔하고 무책임하게 질주함으로써 불행 속으로 전락했다는 것을 자각합니다. 이렇게 하여 비로소 죄 고백이 가능해지는 것입니다.

> 이에 스스로 돌이켜 이르되 내 아버지에게는 양식이 풍족한 품꾼이 얼마나 많은가 나는 여기서 주려 죽는구나 내가 일어나 아버지께 가서 이르기를 아버지 내가 하늘과 아버지께 죄를 지었사오니 지금부터는 아버지의 아들이라 일컬음을 감당하지 못하겠나이다 나를 품꾼의 하나로 보소서 하리라 하고
>
> 눅 15:17-19

이 고백(아직 독백에 그치고 있으나)은 진실한 것입니다. '하늘과 아버지께'에서 '하늘'은 하나님을 가리킵니다. "이에 일어나서 아버지께로 돌아가니라"20절, 여기서 말하는 '돌아가다'아나스타스라는 단어는 부활 즉 소생과 같은 원어가 사용되고 있

음에 주목해야 합니다.

텍스트를 따라가면 이 아들이 집을 떠나서 돌아올 때까지 몇 개월 혹은 몇 년이 흘렀음은 분명합니다. 그러나 텍스트는 그 사이의 상세한 경과에 대해서는 가능한 한 간결하게 기록할 뿐, 오직 아버지와의 재회의 일순간을 묘사하는 것에 중점을 두고 있습니다. 우리를 놀라게 하는 것은 아버지의 태도입니다. 작은아들과의 만남으로 아버지의 기쁨과 사랑이 분출되었습니다.

아버지는 작은아들의 귀환을 고대하고 있었습니다. 작은 아들이 '멀리 떨어져 있을 때' 그의 모습을 알아보자마자 측은하게 생각하여 달려갔던 것입니다. 이것은 고대 오리엔트의 풍속에서 볼 때 흔한 일이 아닙니다. 한 예로 창세기에서 야곱과 재회한 형 에서의 기사_{창 33:4}가 떠오릅니다. 아직 장년인 에서의 경우는 격한 감동 속에 동생 야곱에게 달려갈 수도 있었습니다_{본서. 71면 참조}. 그러나 그것은 늙은 아버지의 경우에는 상상할 수 없는 것이었습니다. 더구나 거지꼴을 한 아들의 모습을 고려하면 더더욱 가장으로서의 위엄을 잃어버린 행동이라 하겠습니다.

아버지가 "목을 안고 입을 맞추니"_{20절}. 이것은 용서의 표시로, 아들로서 다시 받아들였음을 의미합니다. 당시 노예는 주인의 발에 입 맞추고, 지위가 낮은 자는 지위가 높은 자의 손에 입 맞추는 관습이 있었기 때문입니다. 회개가 진실한 것이었는지 아닌지를 일정한 시련 기간을 통해 증명하는 일련의 절차 등은 여기서는 완전히 논외입니다. 오히려 아버지의 입맞춤이 아들의 죄 고백에 선행하고 있음을 주목해야 합니다H. 골빗처.

더욱이 아버지는 아들의 고백을 중간에서 끊고 끝까지 말하게 놔두지 않습니다. 이국땅에서 혼잣말로 했던 '품꾼의 하나로 대해 주십시오'라는 결의의 말은 표현되지 못한 채 아버지의 행동에 의해 초월되어 버리는 것입니다. 아버지는 작은아들을 향해 직접 용서의 말을 한 것이 아닙니다. 오히려 용서는 종들에 대한 아버지의 지시에 의해 간접적으로 드러나고 있을 뿐입니다.

사실 그것은 작은아들을 '아들로서 복권시키기 위한 일관된 법적 행위'K. H. 랭크스토르프, 《돌아온 아들의 복권》, 1967년라고 볼 수 있습니다. 가장 좋은 옷, 반지, 신발을 준다는 것은 단순히 특별한 호의나 경의를 표하기 위한 것이라고 일반화해서는 안 됩니다. '제일 좋은 옷'이라는 것은 원어를 직역하면 '제1의, 즉 최초의 옷'이라 할 수도 있습니다. 작은아들이 아직 아들로서의 지위와 권리가 있던 당시 집에 남겨진 의복으로도 해석될 수 있는 것입니다. 아버지는 떠나 버린 작은아들의 옷을 버리지 않고, 혹은 다른 사람에게 주지 않고 소중하게 보관해 두고 있었던 것일까요. 어쨌든 그것은 아들이라는 존재를 정식으로 상징하는 것이라고 할 수 있습니다.

반지 역시 명령하거나 지시하는 아버지의 권위에 관련된 상징입니다. 신발 역시 단순히 노예와 구별되는 자유인의 상징을 의미하는 것이 아닙니다. 아들의 지위에 복귀시킨다는 징표인 것입니다. 신발을 신긴다는 것은 자기 발로 밟을 수 있는 토지를 가진 아들로서의 소유권을 암시한다고 합니다. 더구나 이 복권은 이 가족 공동체의 구성원들 앞에서 공적으로 행해지지 않으면 안 되었습니다. '빨리' 행하라고 재촉하는 아버지의 명령에는 이런 결연한 의지가 나타나 있습니다.

여기서 그치지 않고 아버지는 더 나아가 이렇게 명령합니다. "그리고 살진 송아지를 끌어다가 잡으라"23절고. 이때의 '살진 송아지'는 단순히 근처에 있는 한 마리의 송아지를 지칭하는 것이 아닙니다. 원어에 의하면 '저 송아지, 저 살진 놈'이라고도 번역할 수 있는 것입니다. 좀처럼 드문 잔치를 위해 평소에 특별히 곡물 사료로 사육해 왔던 준비되어 있는 특별한 송아지인 것입니다.

아버지는 계속해서 '먹고 즐거워하자'라고 이야기합니다. 이 잔치에는 가족 전원이 참석해야 하는 것입니다. 이 말에는 돌아온 작은아들에 대한 아버지의 한없는 사랑과 넘쳐나는 기쁨이 나타나 있습니다. "이 내 아들은 죽었다가 살아났으며 내가 잃었다가 다시 얻었노라"24절. 아버지의 기쁨은 두 가지 이유로 더욱 배가되고 있습니다. 즉, 죽음으로부터 다시 태어남에, 나아가 잃어버린 것으로부터 재회라는 이중의 전환에 근거하고 있기 때문입니다.

이와 같은 말은 이후에 나오는 아버지와 형과의 대화 끝부분에서 다시 반복됩니다. 주석자 중에는 이 말을 복음서 기자 누가가 이 비유에 대해 총괄 편집한 것이라고 보는 견해도 있습니다. 그러나 이것 역시 예수 자신으로부터 유래한다고 생각하는 쪽이 한층 설득력이 있지 않을까요. '돌아온 탕자의 비유에 나타난 구약 성서적 모티브'를 분석했던 오트프리드 호피우스에 의하면, 이 비유의 기본적 모티브가 구약성서의 메시지(그것도 70인역이 아닌 히브리어 성서)와 통하는 예수 자신에게 귀결될 수 있다는 지적도 있기 때문입니다o. 호피우스, 《신약성서연구》, 2000년.

형의 분노와 아버지의 사랑

이 비유는 그러나 작은아들의 귀환에서 끝나지 않습니다. 이 이야기는 서두에 '두 아들이 있었다'라고 시작합니다. 지금까지 작은아들에 대해서만 이야기하였으나, 이제 '형은 어떻게 된 것일까' 하는 호기심을 갖게 합니다.

형의 등장과 함께 이야기는 제2의 최종적인 클라이맥스를 향해 갑니다. 그러나 형에 대한 독립된 이야기가 아니라 지금까지의 이야기와 밀접하게 연결되어 진행됩니다. 대담하게 말한다면 작은아들의 귀환 이야기에 나타난 결론의 '역설성'W. 하르니쉬을 한층 강조하는 형태로 전개되고 있습니다.

밭에서 돌아온 형의 언동은 마치 눈앞에 생생하게 떠오르듯 리얼한 터치로 묘사되어 있습니다. 그는 집 밖에 서서 소란스러운 잔치 소리를 듣자 종 한 사람을 불러내어, 이 이해하기 어려운 사건에 대해 따지듯 묻습니다. 종의 대답은 종답

와타나베 소이치의 〈아들의 귀환〉(1997년)

탕
자
의　정
신
사

예
수
의　비
유
를　읽
다

미야타 미츠오 지음・양현혜 옮김

돌아온 탕자의 비유에서 나타난 하나님의 사랑에 의해 우리는 담대하게 그리고 침착하게 다시 매일매일 곤경에 직면해 가는 희망과 기쁨에 초대받고 있습니다. 그것은 고난 중에 있는 사람들과 무기력한 사람들을 외면하는 것이 아니라, 슬픔에 잠겨 있는 사람들과 함께 손을 맞잡고 살아가는 책임 주체로 우리를 눈뜨게 하는 '내일에 대한 희망'의 메시지인 것입니다.

홍
성
사

게 단지 작은아들이 '무사한 모습으로' 돌아왔다는 사실만을
전합니다. 여기에는 아버지가 말한 것처럼 '죽었던 것이 살아
서 돌아오고……'라는 식의 말하자면 윤리적이거나 종교적인
평가는 (당연한 것이지만) 전혀 부가되어 있지 않습니다. 종이
잔치를 당연하고 자명한 것으로 대답하고 있는 만큼, 형의 분
노는 한층 커지고 있는 것 같습니다.

형의 분노28절는 아버지의 자비20절와 명확한 대비를 이루
고 있습니다. 두 사람 다 강렬한 마음의 움직임을 나타내는
말로 표현하고 있는 점이 인상적입니다. '화가 나 집으로 들어
가려고 하지 않는' 형은 이 사건 전체에 대해 자신의 마음을
닫아 버립니다. 그는 아버지가 너무나 기뻐서 시작한 잔치에
'거리'를 두고 거기서 몸을 빼려고 할 뿐입니다. 이러한 모든
것은 (그가 생각하기에) '동생'에게 걸맞지 않은 대접이기 때문
입니다. 한번 일어났던 일을 옛날로 되돌릴 수 있다는 것, 바
꿔 말하면 '용서'라는 것이 존재한다는 것, 그것은 형이 살고
있는 세계에는 들어올 여지가 없는 것이었습니다.

아버지에 대한 형의 대답에는 자긍심 넘치는 자기 의와
업적 즉 보수론報酬論이 잠재해 있는 듯합니다.

> 아버지께 대답하여 이르되 내가 여러 해 아버지를 섬겨 명을
> 어김이 없거늘 내게는 염소 새끼라도 주어 나와 내 벗으로 즐
> 기게 하신 일이 없더니 눅 15:29

형은 자기 눈으로 볼 때 너무나도 '불공평하게' 보이는 아버지의 태도가 참을 수 없었던 것입니다. 어쨌든 그는 가출한 동생과 비교해 자기가 동등하게 취급되고 있다는 것, 혹은 동생보다 나은 대우를 받고 있지 못하다는 것에 투덜대는 것입니다. 이 형의 비난을 정확하게 파악하려면 주의할 점이 있습니다. 원래 작은아들이 아버지로부터 재산의 몫을 받아 쥐었을 때, 율법 규정에 의하면 형 역시 그 시점에서 당연히 자기 몫을 갖게 되는 것은 아니었습니다. 형이 아버지 집에 머무르고 있을 경우, 그는 아버지 사후 비로소 유산을 취득할 수 있는 것입니다. 사실 작은아들의 귀환을 환영하여 아버지가 본래 더 이상 작은아들에게 귀속되지 않을 재화의 일부에 대해 사용권을 행사하려는 것에 대해 누가는 자명한 사실로서 말하고 있습니다.

형의 비난은 그 사실에 대해서는 전혀 언급하고 있지 않습니다. 오히려 그는 충실히 하나님의 계명을 (여기서는 네 번째 계명을) 수행하지 못한 자를 아무래도 자신의 형제로 인정할 수는 없었던 것입니다. 그는 절규합니다. "당신(아버지)의 살림을 창녀들과 함께 삼켜 버린 **이 아들**이 돌아오매 이를 위하여 살진 송아지를 잡으셨나이다"30절, 볼딕 저자라고 말입니다. 형의 비난의 가장 큰 이유는 자신의 오랜 세월에 걸친 고단한 노동에 대해 동생의 한가롭고 향락적인 생활을 대비시키는 것에 있었습니다. 이 배은망덕한 남자는 모든 쾌락을 방탕하게 향유한 후에 더 나아가 용서의 행운까지 잡은 것이 아닌가 하는 것이었습니다. 한탄과 분노에 넋이 나간 형은 아버지를 향해서도 '당신'이라고 말하며, '아버지'라는 호칭을 사용하지 않습니다이와 같은 해석은 일본 성서에 따른 것임 – 편집자 주.

이에 대하여 아버지는 '두 형제를 동등하게 감싸는 사랑'으로 온유하게 바로잡습니다. '**너의 저 동생**은 죽었었는데 살아 온' 것이다볼딕 저자라고. 여기에서는 원래 늘 아버지 곁에 있었을 형 쪽이 먼 나라에 나갔다 온 (그리고 이제 겨우 돌아온) 동생보다도 훨씬 멀리 떨어져 있었음이 폭로되고 있습니다. 따라서 이 비유는 지금까지 습관적으로 말해 왔던 것처럼 한 사람의 '방탕한 아들'이 아니라, 정확하게는 두 사람의 '방탕한 아들들'R. 불트만의 비유라고 불러야 한다는 의견도 나오고 있습니다.

그러나 계속해서 몸을 빼려고 한 형도 아버지는 사랑하기에 떠나가게 내버려 두지 않습니다. 형을 어루만지기 위해 '밖으로 나오는' 아버지의 행동28절은 작은아들에게로 '달려가는' 아버지의 모습20절과 평행을 이루고 있습니다. 이 비유 마지막에는 아버지의 기쁨의 잔치에 형도 초대하는 것으로 두 이야기를 동일하게 이루어 갑니다. 아버지는 "우리가 즐거워하고 기뻐하는 것이 마땅하다"32절라고 말합니다. 왜냐하면 동생은 '죽었다가 살아 났다, 잃었다가 얻었다'는 것이기 때문에 이 특별한 잔치의 이유가 동생 이야기, 형 이야기의 각각의 결론으로서 동일하게 반복되고 있는24, 32절 것도 이 비유의 통일성을 더욱 분명하게 인상 지어 주는 요소입니다.

아버지는 반항하는 형도 용서하여 함께 잔치에 초대합니다. 형이 이 사랑과 기쁨의 잔치에 참석했는지 안 했는지에 대해서는 아무 언급도 하고 있지 않습니다. 그러나 이 이야기는 동생만이 아니라 형 역시 이 새로운 미래를 향해 열려 있음을 나타내고 있습니다. 예수의 비유는 '희망'의 이야기인 것입니다.

하나님의 은유

찰스 H. 도드의 《하나님 나라의 비유》 이래, 성서의 역사적·비판적 연구는 예수의 비유를 그것이 이야기된 현실 생활의 특정한 역사적 상황 가운데에 위치 짓는 것에 성공했습니다. 예수의 비유는 문학 작품이 아니며, '보편적 명제'를 강요하려는 것도 아닙니다. 그것은 '단 한 번뿐인……주님으로서의 논쟁 상황' 가운데에서 말해진 것이었습니다J. 예레미야스, 《예수의 비유》. 즉 변명이나 요구와 관련되어 있습니다. 돌아온 탕자의 비유에서도 예수의 고발자들뿐만 아니라, 세리와 죄인들과도 연관되어 있는 것입니다. 한편으로는 회개하라는 경고가, 다른 한편에서는 용서에 대한 약속이 선포되고 있는 것입니다.

동생과 분리시켜 자기를 구별하려는 형의 논리에는 세리와 죄인들로부터 거리를 두려는 율법학자들과 바리새파 사람들의 모습이 투영되어 있습니다. 바리새파 사람들은 이 비유의 잔치에서처럼 예수가 죄인들과 식탁을 함께하는 것이야말로 자신들의 신앙적 경건에 대한 커다란 도전으로 받아들이지 않을 수 없었던 것입니다. 예수는 이 비유에서 이야기를 한 가정 안에서 일어난 사건으로 주도면밀하게 전개하여 듣는 사람들을 가정 내의 화제에 몰두하게 함으로써 그들과의 논쟁 상황에서 민감하게 다가오기 쉬운 종교적 가치관이나 규범을 둘러싼 원리적인 대립이 될 사안들을 완화된 형태로 이야기하고 있는 것입니다.

따라서 예레미야스는 이 돌아온 아들의 비유가 원래 의도했던 것은 '가난한 사람들을 향한 복음 선교가 아니라 복음에 대한 비판자들_{바리새인들}에 대해 복음을 변호하는' 것이었다고 단언합니다. 동일한 관점에서 이 비유가 바리새인과의 '싸움'에 유래한다는 점을 그 예술적인 아름다움 때문에 놓쳐서는 안 된다는 지적도 있습니다. 동시에 이것이 '논쟁'이라 하더라도 '가장 아름다운 논쟁'이며, '사랑의 부드러움으로 무장한 논쟁'이라는 사실을 간과해서도 안 되는 것입니다_{A. M. 헌터, 《예수의 비유, 그 해석》}.

실제로 이 비유가 겨냥한 본래의 대상이 형의 모습에 가탁된 바리새파 사람들이었다 하더라도, 또한 이 비유 전체가 죄인 된 작은아들의 시점에서 구성되었다고 하더라도, 이 비유에서 진정한 중심 인물은 형도 동생도 아닙니다. 여기서 중심 인물은 바로 아버지인 것입니다. 작은아들의 귀환을 기다리며, 또한 분노하는 형을 달래며 함께 잔치를 하자고 초대하는 아버지의 사랑의 주도권이 빛을 발하고 있는 것입니다.

따라서 이 비유는 엄밀히 말하면 '아버지의 사랑 이야기'
J. 예레미야스라고 이름 붙여야 맞겠지요. 사실 '죽었다가 돌아
온', '없어졌다가 찾은' 아들을 만난 것은 아버지에게 있어서
는 실현된 사랑의 체험 그 자체가 아니겠습니까. 그리고 이러
한 아버지의 사랑에 '감추어진 그림'J. 슈니빈트처럼 하나님이 그
리고 그 사랑이 비춰지고 있는 것이 아닐까요.

이러한 아버지의 사랑(하나님의 사랑)은 예수가 선포한 복
음 그 자체를 가리키고 있습니다. 그러나 마지막으로 하나의
질문이 있습니다. 예수 자신은 이 이야기의 어디에 있는 것일
까요. 어떤 주석가는 단적으로 이렇게 해석합니다. 이 아버지
가 아들에게 건네는 입맞춤 가운데 구세주이고 중보자인 예
수가 숨겨져 있다고 E. 릿겐바하. 더 단적으로 말하면 예수의 비
유는 전부 다 예수의 자기 증언이라고 할 수 있을 것입니다.

> 예수는 이 비유 가운데에서 우리의 세계에 직접 들어오고 …
> 예수는 그가 말하는 것들과 함께 우리가 그 이야기 가운데 살
> 며 그것을 우리 내면에서 들으려 하기 시작하는 곳이면 어디
> 에서든지 하나님의 비유가 되는 것이다E. 슈바이처 《예수, 신의
> 비유》.

돌아온 아들의 아버지를 무작정 하나님과 동일시하는 것
이 아니라 인간의 생각으로는 지극히 비현실적으로 보이는
사건을 이야기하는 이 비유 자체가 말하자면 암시적으로 하

나님의 은유가 되어 있는 것입니다. 이 비유가 이야기되는 곳, 거기에서 예수의 인격과의 만남이 생겨나고, 이 만남에서 하나님의 사랑이 사건이 되는 것입니다. 이러한 가운데 한 사람 한 사람이 이 놀라운 하나님의 은혜에 직면하고, 그 은혜에 인격적으로 응답하도록 부름 받고 있는 것입니다. 즉 모든 인간이 신뢰와 사랑으로 예수의 메시지를 받아들이도록 결단할 것을 요구하고 있는 것입니다.

2. '돌아온 탕자'의 정신사

—고대 교회에서 종교개혁까지

　이렇게 보면, 예수의 비유는 유일한 일회적 사건으로서 역사적·비판적으로만 해석되어야 하는 것은 아닙니다. 오히려 반복적으로 하나님의 말씀으로서 전해지고 들려져야 합니다.

　그와 동시에 예수의 비유는 새로운 상황 가운데서는 그 이전까지와는 다른 의미를 갖게 됩니다. 시대와 상황이 변하면 이 비유는 그것을 읽는 자와 듣는 자 사이에 더욱 새로운 형태로 복음의 메시지를 전해 주는 것입니다. 최근의 주석서에서는 텍스트 강해에 이어 이러한 예수의 비유의 '영향사'에 대해서까지 언급한 내용이 적지 않습니다. 예를 들어 프랑스와 보본의 《누가복음서 주해》도 그 하나라고 할 수 있습니다.

고대 교회의 해석

　보본의 해석에 따르면 이 비유 가운데 가장 오랜 영향사적 실례를 나타내는 것이 (2차적 자료에 근거한 것이지만) 그노

시스파의 계열에 선 2세기의 발렌티누스파의 경우를 들 수 있습니다. 이 파의 해석에서 특이한 점은 동생의 타락을 인류나 영혼이 물질세계로 타락한 것에 대응시켜 파악하고, 형을 인간 구원에 질투하는 천사들로 보는 점입니다. 이러한 견해에 대해 정통주의 교회 측에서도 많은 반론을 제기했고, 그 내용도 다양했습니다. 보본은 그 최초의 대표적인 예로서 2세기 리용의 사제 이레니우스를 들고 있습니다.

그가 제시한 윤리적 내지 구원론적 해석은 오로지 동생에게 주목하여, 동생의 귀환에 인류 구원을 상징화하여 논하고 있습니다. 즉 하나님은 인간에 대해 하나님을 따를 자유를 주었다. 그럼에도 인간은 그 자유를 남용하여 자신의 창조주를 망각하고 말았다. 인간은 사악한 생활에 빠져 악마에게 몸을 맡겼다. 그러나 그 곤궁의 한가운데에서 어렵사리 창조주를 다시 생각해 내었다. 하나님은 그들을 도우려고 급히 달려가서 잃어버린 존엄성을 인간에게 회복시켜 주고 성스러운 미사 예배에 참여하게 해주셨다……라는 내용입니다. 이 해석을 요약한 후대의 교부 히에로니무스4세기에 의하면, 동생의 인격에는 죄를 범한 전 인류, 즉 이방인이나 유대인에 관계없이 모든 인류가 포괄되어 대표성을 띠고 있다는 것입니다. 그렇다면 여기에서 커다란 문제가 남게 됩니다. 즉 형의 존재는 무엇인가. 그 인격은 무엇과 동일화되는 것일까.

이 질문에 대한 대답 중 하나로 여기서는 보본의 해설을 떠나 3세기 고대 교부 중 한 사람인 터툴리안의 해석을 살펴봅시다.

터툴리안에 의하면 비유에 등장하는 '형'은 유대인이고 동생은 기독교인입니다. 동생이 그 몫을 요구한 세습된 재산이라는 것은 인간이 날 때부터 지니는 권리인 '신에 대한 인식'입니다. 그를 고용한 먼 나라 사람이라는 존재는 악마입니다. 돌아온 아들에게 주어진 옷이란 아담이 타락했을 때 상실한 아들로서의 신분이고, 반지는 세례 증거로서의 인증이며, 잔치는 주님의 만찬입니다. 결국, 이 잔치를 위해 잡은 살진 송아지라는 것은 구세주 외에 누구겠는가 하는 식입니다 터툴리안, 《삼가함에 대해》. 헌터에 의하면, 터툴리안의 돌아온 아들의 강해는 그를 최량最良으로 혹은 최악으로 나타낸다고 합니다. 즉 그것은 기독론적 메시지를 확실하게 내세우고 있으나, 그 후의 반유대주의와 통하는 우의적 해석의 단초가 되었다는 사실입니다.

4세기의 교부 암부로스의 경우도 거의 같은 해석을 답습하고 있습니다《누가복음서 강해》. '먼 나라는 죽음의 그림자의 나라다.' 그러한 세상에서 작은아들은 커다란 곤란과 곤궁에 직면한다. 그가 몸을 의탁한 '그 지방 사람들'은 의심할 여지도 없이 악마이거나 악령이다. '하나님의 말씀에서 등을 돌린 자는 굶지 않을 수 없다. 왜냐하면 사람은 빵만으로 사는 것이 아니기'눅 4:4 때문이다.

이처럼 암부로스는 텍스트 해석에 있어 내용 하나하나를 다른 성서 본문과 관련지어 설명하는 것이 특징입니다. 예를 들면 악마에게 고용되어 돼지를 친다는 말에서 호수에 빠져 죽은 돼지마 8:32와 같이 작은아들도 멸망을 향해 가고 있었다고 설명하는 것입니다. 옷이나 반지, 신발은 각각 지혜와 신앙 그리고 복음 설교의 상징으로 해석했습니다. 여기서도 살진 송아지는 그리스도이고, 그 고기는 성만찬의 은혜를 통해 교회의 사귐에 참여하게 된 사람들에게 주어진다는 해석이었습니다.

여기서 나오는 십자가의 희생이라는 생각과 결합하여 아버지의 집을 떠나는 것과 돌아가는 것은 인류 전체의 구원사로 비유되고 있습니다. 불복종 때문에 낙원에서 추방된 아담은 인류를 대표하는 돌아온 아들로 간주되고 있습니다. '아담은 멸망에 빠졌고 그로 인해 우리 모두가 멸망에 떨어졌다.' 이에 반해 그리스도를 통한 구원이 비로소 속죄를 가져오고 인류를 하나님께 돌아올 수 있게 한다. 이 비유에서 '형'은 '동생' 즉 '이방인 세계의 사람'에게 아버지가 베푼 축복의 은혜를 주는 것을 아까워하는 유대인을 상징한다는 것입니다.

이 형과 동생을 각각 유대인과 이방인 곧 기독교인으로 보는 우화적 해석은 어거스틴의 《복음서 강해 설교》에서도 발견할 수 있습니다. 그리고 그 해석이 고대 교부들 사이에서 거의 일관된 전통을 형성해 갑니다.

이제 시대를 건너 뛰어 15세기 말로 날아가 봅시다. 프란체스코회 수도사인 요한 메다는 1495년 바젤에서 출판된 수난 주일을 위한 일련의 《설교집》에서 돌아온 아들의 비유에 나오는 여러 가지 테마를 다루고 있습니다. 예를 들면 사순절 전의 주일 설교에서는 아버지의 집을 떠나는 것, 이 세상의 죄 많은 생활에 대해 이야기하고, 마침내 수난절 제2주일의 설교에서는 작은아들의 회개에 대해서, 이어지는 다음 주주일 설교에서는 아버지 집을 향한 귀환의 길에 대해 다루는 식이었습니다. 그리고 수난 주일에는 '잡힌 살진 송아지'가 그리스도와 상징적으로 일체화되어 수난 사건이 돌아온 아들 이야기와 상통하게 되는 것입니다.

그러나 메다는 이 비유의 해석 그 자체로는 앞선 고대 교부들의 해석을 정확하게 답습하고 있습니다. 이미 첫 번째 설교에서 그는 형을 유대교의 대표로, 동생을 이방인 기독교인으로 상정하고 있습니다. 나아가 돌아온 아들을 고용한 사람은 악마이자 이 세상의 군주로, 그의 밑으로 죄인들이 모두 끌려가 넘겨지고 있다는 것입니다. 고대 교부 이래의 해석 전통이 중세 사회를 통해서 오랜 기간 동안 친숙하게 이어져 왔다는 사실을 알 수 있습니다.

종교개혁 시대

이러한 해석은 종교개혁 시대에 들어와 일제히 변하게 됩니다. 16세기에는 돌아온 탕자의 비유가 설교나 연극을 통해 널리 알려지게 되었습니다. 종교개혁 논쟁 속에서 이 비유를 하나님으로부터 주어지는 '오직 은혜'에 의거하여 죄인의 의인화라는 새로운 설교를 변증 혹은 입증하기 위해 활용하게 된 것입니다.

종교개혁 운동 초기인 1519년에 이미 루터가 가톨릭 신학자인 요하네스 에크와 벌인 유명한 라이프니치 공개 토론에서 이 돌아온 아들의 회심의 동기를 둘러싸고 논쟁을 펼친 것이 흥미롭습니다. 루터에게 있어서 작은아들의 회심은 벌에 대한 공포 때문도, 아버지 집에서 일하는 노동자들의 충분한 보수 때문도 아니었습니다. 진정한 회개의 시작은 실은 아버지의 인격에서 흘러나오는 내적인 매력으로, 아들의 마음에 스며든 향수鄕愁였던 것입니다.

그 후 루터는 종종 다른 설교나 강의에서도 이 비유에 대해 언급했습니다. 그가 소장한 신약 성서1530년판의 여백에는 다음과 같이 써넣은 메모가 남겨져 있습니다. "이로써 당신은 행위에 의해서가 아니라 신앙에 의해 의롭다고 인정됨을 알아야 한다. 그것은 죄를 인정하는 회개와 아버지의 은혜에 의지하는 신앙의 아름다운 범례이다." 사실 루터는 돌아온 탕자가 '제정신이 들어'라고 한 구절을 더욱 강한 어조로 '회개하지 않을 수 없게 되어'라고 번역했습니다.

이러한 가운데 1527년 블카르트 발디스의 연극 〈돌아온 탕자의 비유〉가 리가에서 발표되었습니다. 리가는 당시 독일 기사단령에 속한 도시였습니다. 그 이후로 이 비유는 격동의 시대에 사상 투쟁의 소용돌이 가운데 서게 됩니다. 16세기에서 17세기에 걸쳐 이 비유는 수차례 희곡으로 만들어져 상연되었습니다. 그중에는 유명한 한스 작스의 작품도 있었는데,

독일 문학 가운데 '오직 신앙만으로' 곧 '은혜만으로'라는 키워드를 발디스와 같이 래디컬하게 대변한 사람도 없었을 것입니다. 발디스 자신의 생애가 시대의 격동 그 자체를 반영하고 있습니다. 원래 그는 프란체스코 수도회에 속해 있었으나 로마로 여행을 가서 루터파로 개종하고 이후 비텐베르크에서 공부한 후 프로테스탄트의 목사가 된 인물입니다.

발디스가 훌륭하게 시나리오로 표현한 비유의 해석 가운데 새로운 점은, 그때까지 형과 동생을 유대인과 이방인으로 간주해 온 고대 교부 이래의 전통적인 해석을 타파한 점입니다. 그는 당시 시대를 들끓게 했던 신앙과 업적의 관계라는 문제의식에 집중하면서 형제의 대립을 해석합니다. 그는 형을 가톨릭교회의 대표로, 동생을 프로테스탄트의 대표로 간주하면서 '신앙 의인론'義認論에 가담했던 것입니다.

제1막에서 재미있는 대목을 소개해 보겠습니다. 돌아온 탕자가 들어오기로 설정된 여관 장면입니다. 이 여관집 여주인은 우울한 얼굴을 한 채 테이블에 앉아 새로운 시대정신을 격렬하게 비난하고 있습니다. 그리고 모든 책임을 루터가 져야 한다고 말합니다. 그의 설교 때문에 이 세상이 완전히 뒤집어지고 자기 가게가 안 된다는 것입니다. 그러면서 지난 시대가 좋았다고 탄식합니다.

제2막 마지막 장면에서는 형과 아버지의 논쟁이 자세히 전개됩니다. 형은 아버지가 자기 기분대로 처우하는 것에 대해 분별력 있는 사람으로서의 불만을 격렬한 어조로 제기하고 있습니다. 이러한 '신학적 대결'을 한층 분명히 연출하기 위해 발디스는 앞에서 나온 여관집 주인을 다시 등장시킵니다. 그는 자기가 혼낸 사람의 운명에 죄책감을 느껴 자기의 숱한 죄를 고백하고 마침내 회심하여 하나님의 용서를 구합니다.

이에 반해 형의 경우 어디까지나 가톨릭교회의 자녀로서 자기의 경건한 업적, 정결함, 복종, 규율 아래에서 살아가는 삶을 자랑하며 자신이 다른 사람이나 여관집 남편과 같은 죄인이 아니라는 사실에 대해 하나님께 감사합니다. 그런데 형의 이야기에는 누가복음서에서 완전히 벗어난 주목할 만한 사건이 들어 있습니다. 아버지와 오래도록 논쟁한 끝에 형은 어느 수도원에 들어가려고 가출하는 내용이 있는 것입니다!

극이 진행되는 도중 무대 감독이 등장하여 '신앙의인'의 교리를 반복해서 말하는 것도 인상적입니다.

> 우리가 마음을 다해 당신에게 올바른 신앙에 몸을 맡긴다면 당신은 당신의 아들 예수 그리스도를 통해 참된 자비와 은총으로써 우리의 공로 없이도 우리를 천국에 들어가게 하시고 천국에 있는 모든 것을 주십니다.

예를 들어 16세기 중반 티롤 지방의 공문서를 보면 돌아온 탕자를 소재로 다룬 연극이 여러 가지 제목으로 상연되기도 하고 금지를 당하기도 했음을 알 수 있습니다. 그것은 가톨릭 입장에 선 측근과 반가톨릭 입장에 선 측근의 여러 가지 해석이 이루어졌음을 말해 주는 것입니다.

이어서 바로크 시대에는 관능의 기쁨을 추구하는 시대정신의 반영으로 돌아온 아들의 비유는 풍요로운 연극 소재를 제공했습니다. 예를 들어 말년에 정통 가톨릭을 공격해서《저열한 것을 파괴하라》고 호소했던 볼테르도 젊었을 때는 〈돌아온 탕자〉라는 제목의 희곡1736년 초연을 썼다는 사실이 놀라울 뿐입니다.

이것은 누가 이야기를 연애 이야기와 결합시켜 가벼운 필체로 쓰여진 작품이었습니다. 그 작품에서는 작은아들의 애인이 된 여성이 아버지의 기분을 달래고, 애인을 위해 특정한 역할을 하고 있습니다. 이러한 동생에 반해 형은 이중적인 의미로 악인이 되어 있습니다. 그는 아버지의 재산을 독차지하려 할 뿐만 아니라 동생의 애인에게 추파를 던지는 존재로 묘사되어 있습니다. 최종적으로 아버지가 '형제가 서로 화해하라'고 당부하는 것으로 막이 내립니다. 이러한 도덕적 결론을 보면 볼테르가 누가 이야기에 일맥상통하는 주장을 조금은 남기고 싶어 했는지도 모르겠습니다.

어쨌든 이 시대의 연극에서는 대부분의 경우 집에 돌아온 탕자가 충분히 자신의 회개를 증명하고 난 후, 비로소 아버지의 용서가 주어지는 것으로 되어 있습니다. 여기서는 예수의 복음이 이미 무거운 도덕주의로 대체되고, 나아가 사회적 성공을 위한 시민적 교육의 로망으로 변질되어 있음을 알 수 있습니다W. 블렛슈나이더, 《돌아온 아들의 비유》, 1978년.

3. 근대 문학 속의 '돌아온 탕자'

―지드, 릴케, 카프카

지드의 〈탕자의 귀환〉

한편 20세기 초반이 되자 전혀 생각지도 못했던 새로운 문학적 해석 아래 '돌아온 탕자'가 부활합니다. 이 테마는 앙드레 지드, 라이너 마리아 릴케에 의해 근대 문학에 등장하며, 그들의 작품으로 대표된다고 할 수 있습니다. 이들 작가의 사상과도 연관되어 '아들의 문제'가 중심 테마가 된 점, 더구나 이 문제가 방탕한 생활의 묘사에 대한 관심 등, 이전까지 다루어진 방식과 달리 '보다 깊은 실존적 시점'K. 함부르거에서 다루어지고 있다는 점이 특징적입니다.

지드의 단편소설 〈탕자의 귀환〉1907년은 방탕한 아들의 귀가에서 시작하여 죄의 고백, 아버지의 용서, 잔치, 형의 비난과 같은 순서로 누가의 텍스트 내용을 충실히 따르고 있습니다. 여기서도 압도적인 아버지의 (하나님의) 사랑이라는 메시지는 부정되고 있지는 않으나, 다만 그 메시지가 주변으로 밀려나 있습니다. 소설의 중심에 있는 것은 인간 자신입니다. 지드는 이 소설 '첫머리'에서 "이 그림에서 나는 화면 한 구석에 있는 기증자寄贈者와 같이 방탕한 아들과 함께 주춤거리고 있습니다. 그와 같이 미소 짓는 동시에 눈물로 얼굴을 적시며"라고 기록하고 있습니다. 말하자면, 작가 자신을 주인공과 동일시하여 묘사하고 있는 것이 신선한 특징이라고 할 수 있습니다.

이 소설은 돌아온 아들이 네 명의 가족 한 사람 한 사람과 대화하는 형식으로 전개되고 있습니다. 아버지와 형 (나아가 누가의 텍스트에는 없는) 어머니, 그리고 손아래 동생과 대화하는 것입니다. 대화라는 문학 형식은 한번 집을 나갔다가 돌아온 아들의 복잡한 심리적 동기를 풀어 나가기에 용이한 방법입니다. 형과의 대화에서, 나아가 어머니와 동생과의 대화에서 젊은 그를 괴롭혔던 문제가 무엇인지 확실히 부각됩니다. 즉 자유에 눈뜸, 오래된 습속에 대한 저항감, 모험에 대한 유혹, 미지의 세계에 대한 고조된 호기심 등등…….

'아버지'는 아들을 위해 가정을 만든 것은 자신이고 '집밖에는 결코 평화가 없다'고 말합니다. 그 대사는 신의 모습을 어렴풋이 암시하고 있는 것 같습니다. 이에 대해 '형'은 집에 있는 '아버지의 유일한 통역자' 내지 '입법자'로서 복종과 규율, 질서를 지킬 것을 요구합니다. 여기서 가정은 교회, 특히 가톨릭 교회를, 형은 성직자의 계급 조직을 우회적으로 묘사하고 있는 듯도 합니다.

'어머니'는 배려, 연민, 사랑을 체현한 존재로, 귀환한 아들을 가족의 친밀한 교제 안으로 다시 들어오게 하려고 애를 씁니다. 가정이 제공할 수 있는 보호를 확신하는 그녀는 막내아들이 형처럼 집을 떠나려 하는 것에 큰 불안감을 느낍니다. 신학적으로 말하면, 교회 안에 구원이 있다고 보는 가톨릭 신도의 모습을 나타내고 있다고도 볼할 수 있습니다A. 로겐간푸 카우프만, 《앙드레 지드와 성서》, 1992년.

이에 대해 손아래 동생은 문자 그대로 방탕한 아들의 분신입니다. 대화 가운데서 어머니가 지적하는 그대로입니다. "너는 저 아이 속에서 너 자신을 보지. 저 아이는 집 나갈 때의 네 모습과 정말 똑같다."

사실 이 소설에서 가장 흥미로운 클라이맥스는 둘째 날 밤에 주고받은 손아래 동생과의 대화입니다. 동생은 작은아들이 집을 나갔을 때와 거의 같은 나이로 보이는데, 형이 실패한 일을 자기가 다시 한 번 시도해 보고 싶어 합니다. 밤새워 이야기한 다음 날 아침, 동쪽 하늘이 밝아 올 무렵 이 막내아들은 자기 자신을 발견하기 위해 길을 나서려고 합니다. 돌아온 둘째 아들은 같이 가자는 막내 동생의 말을 거절하며 이렇게 말합니다. "내가 없으면 너는 더 용감해질 것이다. …… 자, 동생아, 나를 안아다오. 너는 나의 모든 희망을 가지고 가는 것이다. 담대해라. 우리를 잊어라, 나를 잊어버려라. 절대로 다시 돌아오지 말아라."

지드의 문학 세계는 대단히 파악하기 어렵다는 것, 그리고 그의 사상이 부단히 변한다는 사실은 매우 잘 알려져 있습니다. 이 단편소설 최후의 장면에는 이러한 지드적 실존의 기본적 특징이 잘 드러나 있습니다. 그는 일단 도달한 지점에서 안식하는 것을 안일을 탐하는 것, 정신의 피로라고 말하며 경멸합니다. 지드 자신은 이러한 태도가 자기의 내부에 있는 '프로테스탄트적 요소'에 의거한다고 합니다. 그렇다면 이 소설의 모델 가운데 또다시 가톨릭과 개신교의 대립이 우의적으로 반영되어 있다고도 할 수 있을까요. 지드는 소설의 대화 가운데에서 이 '아버지'가 방탕한 아들이 여행의 끝에 있을 때에도 자신은 아들을 기다렸고 '나를 불러 주기만 하면 바로 그곳에 내가 있다'고 말하게 합니다. 이러한 신에 대한 이해의 배후에는 '특수한 프로테스탄티즘'H. v. 헨티히이 있다는 지적도 있습니다.

그렇다 하더라도 지드의 부단한 변모의 추구는 인식과 통찰, 신앙의 확실성을 추구한다기보다 자신의 고유한 자아를 추구하는 것입니다. 이 소설에서도 어머니와의 대화 가운데, 방탕한 아들은 따뜻하고 부드러운 사랑의 품에 안겨 아버지나 형에게도 말하지 않았던 가출의 진정한 이유를 말합니다. "나는 행복을 찾고 있었던 것이 아닙니다. …… 내가 찾았던 것은 나란 존재가 누구인가였습니다"라고. 이 잠재울 수 없었던 무한한 추구와 갈망, 즉 자신이 도달한 어떠한 목표로도 만족하지 않고, 어떠한 구속에도 매이지 않겠다는 지드의 자세에는 이제 더는 어떠한 특정 신앙 신조도 받아들이려 하지 않는 근대적 인간의 정신 구조가 나타나 있다고 하겠습니다.

앞에서 인용한 '첫머리'에서 그는 다음과 같이 미리 양해를 구하고 있습니다. 이 소설에 의해 "결코 나에 대한 신의 승리를 증명하려는 것도, 반대로 신에 대한 나의 승리를 증명하려는 것도 아닙니다"라고.

비록 성서 텍스트를 모델로 하는 형태는 취했지만, 그것은 어디까지나 표면적인 것일 뿐입니다. 복음서를 외피로 이용한 것뿐, 실제로는 완전히 별개의 내용을 다룬 것입니다. 그러나 지드에게 있어서 신이 죽어 버린 것은 아닙니다. 자신의 정체성을 추구하며 끝없이 정신적인 모험을 하는 동시에 신의 은총 아래 머무는 것이 가능한가 불가능한가. 이 질문에 그는 답을 찾지 못한 채로 있습니다. 지드는 돌아온 자인 동시에 출발하려는 자이기 때문입니다. 그러나 그것은 신앙을 추구하는 자의 신학적인 질문이라고도 할 수 있을 것입니다.

릴케의 《말테의 수기》

동일한 문제의식에서 릴케가 지드의 이 소설에 공감하여 자기 손으로 그 작품을 독일어로 번역한 것은 잘 알려진 일입니다. 원래 이 모티브에 대한 릴케의 관심은 지드 소설에 의해 시작된 것은 아닌 듯합니다. 이미 그의 《새로운 시집》에는 〈방탕한 아들의 출발〉1906년이라는 제목의 시가 실려 있었기 때문입니다. 어쨌든 그 자신 《말테의 수기》1910년의 끝 부분에 이 '출발' 모티브를 '전설' 풍의 이야기로 삽입하고 있습니다.

그 안에는 돌아온 탕자의 비유에 있는 여러 가지 계기들이 도처에서 얼굴을 드러내고 있습니다.

> 돌아온 탕자 이야기가 사랑받기를 거부하는 자의 이야기가 아니라고 누구도 나를 설득시키지 못할 것이다. 그가 어릴 적엔 집안 식구들 모두 그를 사랑했다. 그는 다른 것은 알지 못한 채 그렇게 자라났다. 그리고 아직 어렸기 때문에 가족들이 다정다감하게 대해 주는 것에 길이 들어 버렸다. 《릴케 전집》

릴케는 이런 식으로 이야기를 시작합니다. 사랑받는 자는 사랑하는 '집안 모두의 공유물' 같은 존재가 되어 그 습관의 일부가 됩니다. 그는 밤낮으로 '사람들의 사랑의 암시에 둘러싸여' 거기서 도망칠 수 없게 되었습니다. 그중에는 '하루 종일 어린 주인의 귀가를 기다리다가 달려오는' 개까지 있었습니다. 그는 때때로 그 무엇에도 마음이 산란해지지 않는 '무관심의 고요함'을 동경합니다.

> 그냥 집에 남아 이들이 원하는 모양대로 대충대충 거짓으로 살면서 표정까지 그대로 이들 흉내나 내며 살 것인가? 자신의 의지를 둘로 나눠 한쪽은 아주 나긋나긋하게 진실을 추구하고 다른 한쪽은 거칠게 그걸 깨부수는 기만 쪽을 택해야 하나? 그의 가족 중 마음 약한 사람은 절대 할 수 없는 그 일을 포기해야 하나? 아니다, 떠나야 한다.

그러나 그가 집을 떠나는 것은 '해방'의 전제이기는 해도 해방 그 자체는 아니었습니다.

> 그는 고독 속에서도 사랑하고 또 사랑했기 때문이다. 사랑할 때마다 그는 그가 가진 모든 것을 동원하였으며 혹시라도 상대방의 자유를 해칠까 봐 사뭇 마음을 썼다. 그는 사랑의 대상을 자신의 감정의 빛으로 태워 없애 버리는 대신, 자신의 감정의 빛으로 속속들이 비추는 법을 서서히 배워 나갔다. 그리고 그는 점점 더 투명해지는 애인들의 모습을 통해서 자신의 한없는 소유욕 앞에 펼쳐지는 광활한 전망을 보며 더없는 기쁨에 젖었다. 그리고 자기도 그 같은 조명을 받고 싶다는 그리움에 그 얼마나 많은 밤을 눈물로 지새웠던가. 그러나 사랑에 굴복하는 여인은 결코 사랑하는 여인이 될 수 없다.

진정한 사랑에 대한 동경에도 불구하고 '단순한 애인'을 만났을 뿐 진정 '사랑하는 여성'은 만나지 못했다.

> 모든 것을 다 잃게 된 그 포옹들의 깊은 슬픔에 비한다면 말이다. 아무런 미래도 없는 듯한 느낌으로 눈뜨지 않았던가? 어떤 위험이든 한번 감수해 보겠다는 자신감도 없이 멍청하게 헤매며 돌아다니지 않았던가? 죽지 않겠다고 수백 번도 약속해야 하지 않았던가?

이렇게 '빈곤'과 '비참', 전신이 누더기가 되는 '오욕' 가운데 밑바닥까지 떨어지면서도 그가 가까스로 목숨만 오래도록 부지할 수 있었던 것은 그 '불길한 기억의 아집' 때문인지도 모릅니다. 그가 물리쳐도 물리쳐도 달라붙는 과거의 기억을 겨우 잠재울 수 있게 된 것은 그가 어딘가에서 '목자'가 되어 살게 된 때부터였습니다.

　　양떼를 지키는 '목자'라는 것은 옛날부터 시대를 초월한 하나의 상징입니다. 즉 자유로운 하늘 아래, 드넓게 펼쳐진 풍경 안에서 서성대는 고독한 존재를 나타내는 것입니다. 이 이야기에서도 '목자'가 되어 "그는 자신이 극히 평범하고 흔해 빠진, 완전히 이름 없는 인간 중 한 사람일 뿐이라는 것을 새삼스레 느꼈"으며, 그에게는 "삶에 대한 사랑 이외에 그 어떤 사랑도 없었"고, "무심한 양들과 풀을 찾아 이동한 후부터 그는 그저 묵묵히 세상의 초원을 걷고 있었"습니다. 사랑받는 질곡에서 해방된 그는 이제 비교할 수 있는 세계를 초월한, 말하자면 '절대적 타자' 즉 '신을 향한 먼 사랑의 길'로 들어선 것입니다. 그의 마음은 오랜 고독을 지나 "이제야말로 신이 투명한 아름다운 광명의 사랑으로 자신을 안아 주는" 것을 몽상했습니다. 그러나 신에게 가까이 가기에는 참으로 지난한 '무한의 거리'가 있어 "그는 머나먼 신에게 가까이 가려는 고통스러운 작업을 통해 거의 신을 잊어버렸다"고 서술합니다.

　　이때가 되어서야 겨우 그의 마음에 커다란 변화가 일어났습니다. 참으로 위대한 것은 이미 굳어져 있는 것을 지금부터의 발전의 기초로서 받아들이는 것에 있다는 사실을 그는 겨우 예감하기 시작했습니다. 그는 그것을 '하나의 영혼을 지탱해 주는 신의 인내'를 배우는 것이라고 불렀습니다. 자신의 '존재의 뿌리'에서 생겨 나오는 것을 키우기 위해, 그가 소외감으로부터 회복되기 위해 가족의 집으로 돌아가는 것이 필요했습니다. 그것은 지금까지 방치한 채 놓아 둔 유년 시대의 '애매모호한' 기억을 '다시 한 번 현실로 되살리는' 작업이었습니다. "방탕한 아들이 다시 고향 땅을 밟은 이유는 바로 거기에 있었"습니다.

그러나 집에는 위험한 유혹이 기다리고 있었습니다. 집에는 가족 모두가 있었고 늙은 개들도 아직 살아 있었습니다.

"늙어 지친 하나의 얼굴 안에 갑자기 한 줄기의 인지의 빛이 새하얗게 스쳐 지나갔다." 그것은 '인지'라기보다 오히려 '용서일지 몰랐다' ('용서'라는 것은 그의 독특한 이질성 곧 타자성의 승인이 아니라 오히려 다시 해소시켜 버리려는 것을 의미합니다.) "아니, 저 표정은 역시 사랑이었다!"

릴케에 의하면 돌아온 탕자의 전설은 이때의 그의 '형용할 수 없이 커다란 몸짓'만을 전하고 있습니다. "그는 사람들의 발아래 꿇어 엎드려 애원했다. '나를 사랑해서는 안 된다'며 눈물을 흘렸다." 사람들은 마침내 그의 행동을 자기 식대로 해석하고 허락했습니다. 그 역시 사람들이 오해하고 편안해진 모습을 보고 "안도와 해방감을 느꼈음에 틀림없다. 그는 고향에 머무를 수 있을 것이다. 그는 사람들의 사랑이 자기를 진정으로 사랑하는 것이 아님을 하루하루 확인할 수 있었으므로. 단 한 분인 신만이 자기를 진정으로 사랑할 수 있음을 그는 희미하게 느꼈습니다. "그러나 그분은 아직 그를 사랑하려 하지는 않는 것 같다"는 말로 이야기는 끝나고 있습니다. 복음서에 나온 비유와의 차이는 명백합니다. 대립하는 인물로서의 '형'은 물론 '아버지'도 명확한 형태로 등장하지 않습니다. 비참함과 곤궁한 생활도 감각적 향락보다는 한층 미적이고 고상한 것인 듯합니다. 이 '목자'는 비유 속의 방탕한 아들처럼 돼지가 아니라 '양'떼를 지키고 있습니다A. 슈탈, 《릴케 주석》, 1979년.

오히려 릴케는 돌아온 탕자에 가탁假託하면서 성서 텍스트로부터 종교적 이미지를 가능한 한 불식시키려 한 것으로 보입니다. 진정한 자기 자신을 발견하기 위해 아버지 집을 떠나는 젊은이의 모습을 작품에서 형상화하려고 한 것입니다. 그 속에는 지드의 경우보다 한층 절실하게, 상처받지 않는 독자적 자아를 부단히 추구하려는 릴케의 염원이 나타나 있습니다.

카프카 〈귀향〉

또 한 사람, 근대적 인간 실존의 모습을 한층 인상 깊게 보여 준 카프카의 단편 〈귀향〉1920년을 살펴봅시다.

"나는 돌아왔다"는 문장으로 시작하는 이 단편에서는 모든 것이 도착의 순간과 화자인 '나'에 집중되고 있습니다. 그러나 주인공이 왜 집을 떠났는가, 먼 나라에서 무엇을 경험했는가, 귀향을 재촉한 것은 무엇이었는가는 전혀 이야기하고 있지 않습니다. '나' 이외의 다른 인물로는 아버지도 형도 전혀 등장하지 않습니다. 서로의 인사도 용서의 말도 형의 비판도 찾아볼 수 없습니다. 모든 것은 귀향자의 내면세계로 옮겨져 있습니다. 그러나 그의 내적 체험 그 자체는 극히 양가적입니다. 한편으로는 친밀하고 익숙한 감각이 남아 있습니다. '아버지의 오래된 정원이다' '오래된 도구류' '옛날 장대에 말아서 가지고 놀던 담요' …… '분명히 아버지의 집이긴 하다'.

그러나 한편에서는 낯선 인상이 점점 강렬해지는 것을 느낍니다. 누군가가 있는 것 같은데 아무도 귀향자를 마중하려고 하지 않습니다. 그리운 감정이 있음에도 '내 집으로 돌아왔다는 기분'이 들지 않는다. 거기 있는 것은 모두가 다 '차갑게 서 있어서' '나'와는 아무런 관련도 없어 보인다 "나는 그들에게 무슨 도움이 될까"라는 물음, 나아가 "그들에게 나는 도대체 누구인가"라는 질문이 용솟음칩니다. '어린 시절'을 생각나게 하는 시계가 시간을 알리는 희미한 소리를 내는 것을 들은 것 같지만, 그것도 '환청일지 모른다'는 불안이 솟구쳐 오를 뿐입니다.

그리하여 귀향자는 집 부엌문 앞에서 멈춰섭니다. "노크를 하는 자는 벌을 받을 것 같은 기분이 들어 멀리서 귀를 기울이고 서 있을" 뿐입니다. 왜 집 안으로 뛰어 들어갈 수 없는 것일까요. 그의 자기소외는 주저하고 있는 결과이기도 하지만, 동시에 자기소외야말로 그의 주저를 불러일으키는 원인이기도 합니다. 어쨌든 문은 한계이고, 어느 쪽에서도 밟고 넘어가지 못합니다. 사람은 누구나 '자신만의 비밀'을 가지고 있고, 귀향자는 문 뒤쪽에 누가 있는지를 모릅니다. 그는 이렇게 소리 내어 사람을 부르지 못하고 계속해서 서 있습니다.

이 단편은 지드나 릴케의 소설과 비교해 외견적으로 성서의 비유와 유사성이 훨씬 적습니다. 특히 누가 텍스트에 등장하는 방탕한 아들의 새 생활을 향한 새 출발이라는 미래의 전망이 보이지 않습니다. 귀향자가 어떤 식으로 받아들여질지, 그가 앞으로 어떻게 살아갈 수 있을지, 그것에 대해 전혀 말하고 있지 않습니다. 오히려 카프카의 귀향자가 집 입구에서 멀리 떨어진 채 귀 기울이며 서 있는 모습은 예수의 비유에서 '멀리서부터' 아버지가 달려왔다는 복음서의 사랑의 표현을 패러디P. 프화프한 것이라고도 생각할 수 있습니다. 카프카의 다른 소설에서도 공통되는 소외된 세계 속 인간의 불안이 짙은 그림자를 늘어뜨리고 있습니다. 그는 1921년 10월 21일 일기에 이 단편의 모티브와도 통하는 다음 문장을 남겼습니다. "그 집 안으로 들어가는 것이 그에게는 불가능했다. '내가 안내해 줄게, 거기서 그때까지 기다려!'라는 소리를 들었기 때문이다. 그래서 그는 계속 집 앞에 먼지투성이가 되어 쓰러져 있었다. 더 이상 어떠한 희망도 없었겠지만."

'고독'하다는 것이 릴케의 경우에는 자긍심을 갖고 자각할 수 있는 엘리트적 자질이었다고 한다면, 카프카의 경우에는 죄책감과 결합된 무거운 짐으로 의식되고 있었습니다. 죄책의 문제는 카프카에게 중심적인 주제로, 그것 없이는《심판》이나 또《판결》등, 그의 주요 작품의 상징이 의미를 상실해 버린다고 합니다. 유대인이었던 카프카에게는 그리스도로 구현되는 중보자라는 존재가 성립하지 않았기 때문에 그의 죄책감이 한층 깊어진 것이 아니었을까, 야훼의 분노와 인간의 죄 사이에 다리를 놓을 수 없는 깊은 단절 의식은, 카프카에게 '일종의 부정적 종교'를 나타내고 있지 않았을까, 오히려 거기에는 칼빈주의적 세계관이나 1920년대의 위기신학의 사고방식에 가까운 것이 있는 게 아닐까 하는 지적도 있을 정도입니다C. A. M. 노블,《작가와 종교》, 1987년.

그러나 카프카적 실존의 밑바탕에는 그의 일기가 말하는 것처럼 최후까지 구원에 대한 희망이 존재하고 있었음도 간과해서는 안 됩니다. "어디엔가 도움이 기다리고 있다. 그리고 몰이꾼들이 나를 그쪽으로 향하게 하고 있다"1922년 3월 8일 일기. 분명히 귀향은 이루어지지 못했고 하나님과 인간 사이는 분리된 채로 있습니다. 그러나 희망은 아직 남아 있는 것입니다. 그는 이런 내용을 남기기도 했습니다. "겨우 시작해 보려는 인식의 첫 징후 중 하나는 죽고 싶다는 바람이다. 그럴 때 이 인생은 견딜 수 없고 다른 인생은 손이 닿지 않는 것처럼 보인다. 죽음을 바라는 것이 더 이상 수치스럽다고는 생각하지 않게 된다. 혐오스러워서 견딜 수 없는 오래된 독방에서 조만간 혐오스럽게 될 것이 뻔한 새로운 독방으로 제발 옮겨 졌으면 좋겠다고 애원한다. 그때, 신앙의 작은 조각과 같은 것 이 작용하고 있는 모양이다. 호송 도중 우연히 주님이 지나가 시다 죄인을 보고 '이 사람을 또다시 감금시켜서는 안 된다. 그는 나에게로 오게 되어 있다'라고 말씀해 주실 것이라고 왠 지 계속해서 믿고 있는 것이다"《죄, 고뇌, 희망, 진실한 길에 대한 고찰》. 잘 알려진 대로 카프카의 죄의식에는 엄격한 아버지와의 관 계를 둘러싼 심층 심리학적 배경이 잠재해 있다는 의견도 있 습니다. 이제 돌아온 탕자의 정신분석학적 해석을 살펴보겠습 니다.

4. '돌아온 탕자'의 정신분석학적 해석

―자기실현과 그림자

자유와 자립에의 갈망

심리학적 해석은 우리 자신의 생활이 예수의 청중의 생활과 동일한 문제를 가지고 있음을 분명히 합니다.

역사적·비판적인 분석이 당시의 팔레스타인과 디아스포라 유대인의 상황에 대한 정보를 제공하는 것은 유익하고도 필요한 일입니다. 그러나 성서 텍스트는 예수를 둘러싼 역사적으로 일회적인 상황에 대한 대답만이 아니라 반복되어 나타나는 전형적인, 말하자면 인간성의 공통적 질문에 대해서도 답하는 것입니다S. 슈미츠, 《성서 인물에서 자기를 재발견하다》, 1988년. "어떤 사람에게 두 아들이 있는데"11절. 앞에서 본 것처럼 이 텍스트가 정확하게는 방탕한 두 아들의 비유로 읽힌다고 한다면, 심리학적으로는 두 아들(형과 동생)은 확연히 상호 대비되는 성격의 인간으로 등장하고 있습니다. 먼저 동생은 아버지께 자기 몫의 재산12절을 요구합니다. 심리학에 흥미를 느끼는 독자라면 이 젊은이의 마음속에 오가는 생각은 무엇인지 바로 물어보고 싶어질 것입니다. 그의 기분은 이와 같을 것입니다. '나는 내게 속한 것을 소유하고 있지 않아 불만이다. 그것을 가지면 내가 하고 싶은 대로 할 수 있을 텐데, 본래 나에게 속한 것을 아버지는 부당하게도 여전히 소유하고 있는 것이다. 나는 내 자신이고 싶다. 더 이상 어린아이와 같이 부모의 후견을 받으며 살고 싶지 않다'는 것입니다. 이 소망 속에는 아버지에 대한 자유와 독립과 자립에 대한 갈망이 숨 쉬고 있습니다. 역으로 말하면 이 젊은이가 품고 있는 부친 상像은 젊은이를 옭아매고 그 인생의 가능성을 제한하여 억압하는 자로 비춰지고 있는 것 같습니다. 때문에 그는 자기에게 속하는 것을 자기 손으로 장악하고 아버지에게서 이탈하지 않으면 안 되는 것입니다(아버지는 아들에게 '재산'을 나누어 줍니다).

여기서 작은아들이 요구하는 '재산'우시아과 아버지가 분여分與하는 '재산'비오스을 원어에서 구분하여 쓰고 있는 점은 흥미롭습니다12절. '우시아'는 원래 존재 또는 실존이라는 뜻을 함의하고 있어, 재산·소유물이라는 뜻이 파생되었습니다. '비오스'는 보통 생명, 생활을 의미하여 생활방식, 생활비, 재산을 의미하게 되었습니다. 아버지는 작은아들이 삶을 살아갈 수 있도록 생활 수단을 준 것입니다. 이때 '두 사람에게 나눠 주었다'라고 되어 있으므로 큰아들에게도 마찬가지로 생활비를 주었던 것입니다. 작은아들이 획득하려고 한 '재산'우시아은

탕자의 정신사

물론 외적으로 보이는 재산과 재화를 가리키나, 심리학적으로 본다면 그 사람 내부에 있는 자질과 능력 등을 함의하고 있다고도 해석할 수 있습니다. 외적인 재산을 요구하는 배후에는 말하자면 '그 자신에게 속하는 것', 자기 자신에 대한 권한의 요구, 자기 능력과 가능성을 스스로 발전시켜 보고 싶다는 요구가 담겨 있는 것입니다. 말하자면 아버지의 아들로만 머물 수 없다는 것, 아버지의 단순한 복제품이 되기는 싫다는 것입니다. 작은아들이 문제 삼은 것은 한마디로 말하면 그의 자기실현 요구라고 할 수 있습니다.

작은아들은 그 생각을 즉시 행동으로 옮겨 보입니다. "그 후 며칠이 안 되어 둘째 아들이 재물을 다 모아 가지고"13절. 여기에는 '가능한 한 빨리'라는 참을성 부족한 성급함이 나타나 있습니다. 일말의 주저도 없고, 세심한 사전 계획도 없습니다. 그런 채로 '먼 나라로 여행을 떠납'니다. 장소의 외적 이동은 내면·심리적으로는 지금까지의 모든 생활 관계로부터의 해방을 의미합니다. 이제까지 익숙했던 친밀하고 친근한 세계로부터 미지의 먼 세계의 매력에 끌려 있는 것입니다. 아버지 집에서의 이탈은 가능한 한 빨리, 가능한 한 철저하게 이루어지지 않으면 안 됩니다. 원하는 것은 아버지의 집으로 대표되고 있었던 것, 즉 신체적·심리적인 종속감, 소여所與의 질서, 명령하는 권위, 의무를 지우는 전통 등과는 정반대 것입니다.

환상과 현실

그러나 이 젊은이에게 무한한 가능성을 약속하는 것처럼 보이는 '먼' 나라라는 것은 일체의 구속을 혐오하는 성급한 충동에서 비롯된 환상의 세계에 불과했습니다. 그 세계에서는 즉흥적인 생각에 따라 기분 나는 대로 행동할 수밖에 없었습니다. 과거에 대한 반성도, 현실에 대한 인식도 없고 미래에 대한 예측도 없이 그저 현재의 일순간을 화려하고 자극적으로 살 수 있기를 추구하는 것입니다. 그러나 '먼 나라'에서도 실제로는 무한한 가능성이 아니라 늘 한정된 가능성만이 존재합니다. 이것에 대한 통찰이 없으면 그의 미래의 몽상은 자신의 무력함 때문에 허무하게 사라져 버리는 것입니다. 그는 "먼 나라에 가 거기서 허랑방탕하여 그 재산을 낭비"하고 말았습니다. 심리학적으로 말하면 '재산' 즉 그의 능력과 자질, 아니 본래적인 자신의 전부를 허식虛飾과 환상의 세계에서 소진시켜 버린 것입니다.

모든 것을 다 써버렸을 때 "그 나라에 크게 흉년이 들어 그가 비로소 궁핍"14절하게 되었습니다. 이것은 그의 곤궁을 한층 더 드라마틱하게 보이려는 가필加筆일까요. 심리학적으로 말하면 지금까지의 무한한 가능성으로 가득 차 있는 것처럼 보였던 과잉한 환상 세계는 이제 전부 탕진해 버린 후의 빈곤의 세계가 됐다는 것입니다. 한없이 열려 있는 것처럼 보였던 상황은 마침내 어디 하나 도망갈 구멍도 없는 폐쇄된 상황으로 일변했습니다. 말하자면 '먼 나라'는 자신에게 소원疎遠

한 나라, 즉 '소외'를 의미하는 것입니다.

한없는 자유를 약속한 '먼 나라'에는 이제 자신의 생명을 구하기 위해 가까이 있는 것에 무엇이든 닥치는 대로 의지하는 것 외에는 선택지가 남아 있지 않음을 알았습니다. 그것은 실제로는 생각할 수 있는 가장 최악의 종속 관계를 의미하는 것이었습니다. 즉 그는 가까운 사람에게 자신의 육신을 팔아넘기지 않으면 안 되었던 것입니다. 그리고 '돼지'를 치면서 생활하게 되었는데, 사실 가축이 그 자신보다도 행복해 보일 정도였습니다. 왜냐하면 그에게는 돼지가 먹는 쥐엄나무조차도 주는 사람이 없었기 때문입니다15–16절. 더 정확히 말하면 이 쥐엄나무케라티온라는 것은 인간이 먹지 않는 '가시 돋친 콩 꼬투리'였다는 해석도 있습니다. 그렇더라도 탕자가 살아남은 것을 보면 그가 실제로는 이 꼬투리를 주워 먹었다는 말이 됩니다. 여행을 떠날 때의 커다란 환상과 비교해 보면 이토록 비참한 환멸을 묘사하는 장면도 없을 것입니다.

심리학에 비춰 보면 환상 속에 사는 인간은 문자 그대로 이 세계가 지닌 오욕汚辱을 자기 자신의 몸으로 경험할 때 비로소 현실로 되돌아올 수 있습니다. 그는 현실에 살면서 그 세계에 포함되어 있는 가능성이 한정되어 있다는 것, 자신이 취한 행동이 일정한 결과를 낳는다는 것, 그뿐만 아니라 그 결과가 결코 자기가 좋아하는 대로 생겨나는 것이 아님을 알게 되었습니다. 이로써 엄혹한 인생의 현실에 직면하게 되기 때문에 역설적으로 (이 비유에서 보듯이) '자신으로 돌아가는'

일도 일어나는 것입니다.

환상의 세계 안에서 단지 공상 속의 가능성을 가지고 노는 대신 현실 속의 삶의 한계를 인정하는 것, 행동의 결과에 대해 책임을 지는 것이 요구되는 것입니다. "저는…… 죄를 지었습니다. 이제…… 자격이 없습니다." 이 독백에는 그가 자신의 비참한 상황에 대해 더 이상 외적 사정이나 조건, 즉 재난이나 운명, 사회나 체제 등에 책임을 전가하는 것이 아니라 그것을 명확하게 자기 자신의 책임으로 받아들이는 회개, 즉 회심의 소리를 들을 수 있습니다.

정신분석학자인 미차리히 부부는 '슬퍼하는' 마음에 대해 이렇게 말합니다. "우리의 내적인 에너지가 오직 외부 세계만을 향해 있는 한, 자신이 체험한 것을 자신의 것으로 내면화하는 것은 불가능하다. 죄책이나 후회를 느끼고 슬퍼하는 것은 불가능하다. 과거를 단순히 부정하고 억압하는 한, 마음의 성숙과 발달은 저해된다. 자신의 창조적인 힘을 억압하고 타자와의 관계도 혼란스러운 채로 있게 된다."《상실된 비애》

물론 미차리히 부부는 이것을 나치 독일의 과거에 대한 슬픔을 경험한 독일인의 관점에 입각해서 말하고 있습니다. 그러나 우리 자신은 이 내용을 오늘의 일본 상황 가운데, 또한 개인의 생애 가운데서도 적용해 볼 수 있을 것입니다. 즉 '자신에게 돌아가는 것', 과거를 생각하고 죄책을 인정할 때 비로소 현실에 대한 올바른 관계 방식을 재발견할 수 있게 된다고 할 수 있겠습니다.

마음속 깊은 곳의 '근원적 신뢰'

방탕한 아들이 아버지로부터 이탈한 것이 미숙함에서 비롯된 무분별한 행동이었다고 한다면, 이제 아버지 곁으로 돌아가는 것은 정당한 책임을 받아들여야 함을 깨달은 자의 성숙한 결단이 될 것입니다. 그러나 여기에서 주의해야 할 것이 있습니다. 추락할 대로 추락해 돼지 쥐엄나무를 주워 먹는 상황에서, 언제든지 아버지 집으로 곧장 귀환할 수 있는 것은 아니라는 사실입니다. '돼지'로부터의 길은 감옥행 또는 자살로 통하는 경우가 적지 않기 때문입니다.

이 돌아온 탕자가 아버지 곁으로 돌아갈 수 있었던 것은 그가 아버지 집에 있는, 어떤 '근원적인 중요한 것'을 잃지 않고 있었기 때문이 아닐까요. 즉, 마음속 가장 깊은 곳에 있는 '근원적인 연결'을 확신하고 있었기 때문이 아닐까요. 바로 그 '아버지에 대한 기억'G·보른캄에 의해 그는 아버지 집으로 돌아갈 수 있었다고 할 수 있습니다. 그곳에는 절망의 밑바닥에서 조차도 역시 에릭슨이 말하는 근원적인 신뢰가 살아 있었던 것입니다H. 볼프,《새 포도주와 오래된 가죽 부대—심층 심리학에서 본 기독교의 정체성 문제》, 1983년.

아버지는 돌아온 아들을 "측은히 여겨 달려가 목을 안고 입을 맞추니"20절. 심리학적 관점에서 보면 아들이 집에 있는 동안 그의 눈에는 아버지가 규범이나 도덕적 권위의 대표자로서 자기를 제약하고 구속하는 존재로 비쳐졌습니다. 그러나 이제 돌아와 보니 같은 아버지가 자기를 안아 주고 지지해

주고 지켜 주는 존재로서 나타난 것입니다. 아버지는 종들에게 가장 좋은 옷과 반지와 신발을 가져오게 하고, 나아가 잔치까지 베풀어 줍니다. 아들이 아버지에게 기대하고 있었던 일일 고용 노동자로서의 대우를 뛰어넘어 아버지는 아들에게 전혀 생각지도 못한 환대를 해준 것입니다. 이로써 자기 자신의 가치를 인정받은 아들은 자기 존엄감이 고양됩니다. 먼 나라로 탈출했던 그가 헛되이 구하고 있었던 '확증 받고 싶다'는 욕구를 아버지는 참으로 값없이 충족시켜 준 것입니다. 아버지의 그늘 아래 있으면서 그에게 의존하는 것이 싫어서 아버지로부터 도망쳤지만, 이제는 실로 그 아버지가 아들의 존재를 있는 그대로 받아들여 확증해 주는 파트너임을 알게 된 것입니다.

형은 왜 분노했는가

한편 여기서 형이 등장합니다. 심리학적으로 형은 필연적으로 동생과 정반대의 인간 유형으로 나타납니다. 그는 그때 '밭에 있었다'[25절]고 합니다. 역사적·비판적 주해자도 지적하는 것처럼 형은 계속해서 일하고 있었던 것입니다[W. 그룬트만]. 그것은 다른 사람들이 놀고 웃는 것, 즉 가무를 동반한 잔치에서 해방감을 만끽하고 있는 모습과 상반되는 것입니다. '이건 도대체 뭔가'라는 그의 질문에는 놀람과 불신이 가득 차 있습니다. 집으로 들어가려 하지 않는 형을 일부러 바깥까지 나와 달래는 아버지에게도 무뚝뚝하게 거부하고 있습니다.

도대체 형의 이러한 분노의 이유는 무엇일까요.

그는 아버지에게 말합니다. '이대로'(보시는 바대로)라는, 분노를 폭발하는 말투로 시작합니다. "나는 전 생애를 통해서 명령에 따라 모든 일을 다 하면서, 피곤에 지칠 때까지 악착같이 일해 왔습니다. 당신에게 전면적으로 복종했으며, 내 뜻대로 살아본 적은 단 한 번도 없었습니다. 그러나 모든 고생과 노력도 쓸데없는 것이었습니다. 그것은 '작은 양' 한 마리도 만들어 내지 못했습니다. 당신은 나에게서 인생의 아주 작은 기쁨조차 빼앗아 가버렸습니다"라고. 형에게 있어 아버지의 집은 말하자면 감옥과 같이 금지와 명령의 울타리로 둘러쳐져 있었고, 그 안에서 그는 인내하며 노예 노동을 하고 있을 뿐이었습니다. 집을 나갈 때 동생이 느꼈던 것과 똑같이 말입니다.

도덕적으로 전혀 비난의 여지가 없는(라고 그는 생각한다) 이 절대적인 헌신의 삶이 아무것도 가져오지 못했음을 갑자기 알게 된 것은 얼마나 큰 비극입니까. 그런데 "아버지의 살림을 창녀들과 함께 삼켜 버린 이 아들이 돌아오매 이를 위하여 살진 송아지를 잡으셨"30절다니! 그러나 여기서 우리는 당연히 묻고 싶어집니다. 도대체 형은 누구에게서 동생의 그러한 방탕한 생활에 관한 사연을 들었단 말일까요. 종들은 이에 대해 형에게 아무것도 보고하고 있지 않습니다. 이 점에 대해 어떠한 성서 주해자도 침묵하고 있습니다(!?).

그러나 심리학적으로는 이것을 잘 설명할 수 있습니다. 즉,

형의 반응은 동생에 대한 지식과 정보에서 나온 것이 아니라 무의식적인 '투영'의 결과였던 것입니다. 형이 의식적으로 동생을 향해 퍼부은 경멸과 비난은 실은 무의식 가운데 형이 자기 자신 안에 가지고 있었던 그의 인격의 일부분이었습니다. 그것은 형이 자기 자신에 대해 인정하는 것을 거부하며 의식을 억압해 배제하고 있었던 것, 즉 자기 인격의 '그림자'의 한 측면이었던 것입니다.

왜냐하면 그의 마음 깊은 곳에는 먼 나라로 떠난 동생과 마찬가지로 무한히 자유로운 가능성에 자기를 맡기고 싶다는 은밀한 갈망이 있었기 때문입니다. 동생의 귀향은 지금까지 그가 노력하여 억압해 왔던 것을 갑자기 눈앞으로 끄집어 내 보여 주는 충격적인 사건이었습니다. 형은 내부에 있는 공격 충동을 자기 자신을 향해서가 아니라 누군가 외부 존재를 향해 의도적으로 투사하지 않을 수 없었습니다. 왜냐하면 '악'은 언제나 자신 이외의 타자 가운데 있다고 생각하고 있었기 때문입니다M. 카셀, 《네가 되어야 하는 자가 되어라》, 1982년.

형은 동생에 대해 '신랄한 독설'을 퍼부었을 뿐만 아니라 아버지에 대해서도 소위 '당신의 아들'이라고 하는 '조소적인 말'J. 슈니빈트을 자제하지 못합니다. 이에 대해 아버지는 따뜻하게 대답합니다. 그러나 그것은 변명이라기보다 오히려 형의 고발이 객관적으로 근거 없음을 설명하고 있습니다. 전 생애에 걸친 형의 노동이 기쁨 없는 노예 노동이었고, 아버지가 어떠한 소망과 생의 기쁨도 주지 않은 전제적인 지배자였다고 보는 것은 주관적으로 왜곡된 이미지에 불과합니다.

형에게 '아들아'라고 호칭한 것은 '사랑하는 아들아'라는 친숙한 뉘앙스였습니다_{이와 같은 해석은 일본 성서에 따른 것임－편집자 주}. 아버지는 분노를 폭발하는 형에게 '아들'이라는 것이 무엇을 의미하는지를 부드럽게 말해 주고 있습니다. "너는 항상 나와 함께 있으니 내 것이 다 네 것"_{31절}이라고 말합니다. 동생이 아버지를 버리고 떠난 후에는 형이 아버지의 전 재산의 상속인이 되었음을 상기시키고 있는 것입니다. 더욱 깊은 의미로 '아들'이라는 존재는 늘 아버지의 자애 아래에 있어 매일매일 일을 돕고 그것을 통해 풍요로운 생의 의미와 고유의 존엄성을 부여받고 있다는 것입니다. 그러니 무슨 특별한 잔치를 할 필요가 있겠습니까.

형이 그 점을 알아차릴 때 비로소 그는 동생과 더불어 "즐거워하고 기뻐하는"_{32절} 잔치에 참석할 수 있을 것입니다. 우리는 자기 자신을 받아들일 때 비로소 타인을 받아들이고 그 기쁨에 연대하는 것입니다. 동생의 귀환을 지금까지 증오하고 경멸하며 억압해 왔던 '그림자'의 재현으로서 거부하는 것은 이제 불가능합니다. 오히려 '죽었던 것이 살아 돌아왔다'는 동생 가운데서 형 자신이 그때까지 살아 내려고 하지 않았던 자기 자신의 새로운 생의 미래를 볼 수 있는 것이 아닐까요. 아버지에 대한 두려움, 아니 더 정확히 말하면 왜곡된 아버지상에 대한 두려움을 버리고 신뢰로 충만한 아버지를 올바르게 인식하여 받아들일 것이 요구되고 있는 것입니다.

덧붙여서 이 드라마의 처음 부분에서는 냉정하게 작은아들을 떠나보낸 아버지가 마지막 장면에서는 완전히 다른 모습을 보입니다. 이때 아버지가 취하는 행동에는 거의 여성적 즉 모성적 특징H. 볼프이 나타나 있다고 여성 정신분석학자는 지적합니다. 달려가서 마중하는 것, 껴안는 것, 뽀뽀하는 것, 입을 것과 신길 것, 먹을 것을 배려하는 모습은 본래 어머니의 반응이기 때문입니다. 예수가 여기서 힘을 다해 표현하고 있는 이 아버지는 사실, 완전히 특별한 아버지 즉, 예수 자신의 하늘에 계신 아버지를 모델로 한 것입니다.

"일면적인 가부장주의적 남성상의 아버지와는 반대로 예수는 여기서 비로소 그리고 자세히 특징적인 필치로 그 자신의 남성적인 반응 양식과 여성적인 반응 양식을 동등하게 합친 전체적으로 결합된 신의 이미지를 나타내고 있는 것이다"
H. 볼프, 앞의 책.

5. '돌아온 탕자'와 현대문명

—내일을 향한 희망

우리는 이 예수의 비유를 읽으면서 그것이 자기 자신을 재발견하는 거울임을 깨닫지 않을 수 없습니다. "주의해서 읽어 보면 두 아들의 모습 가운데는 그들과 우리 자신을 동일시하도록 거의 강요할 정도의 유사점 몇 가지가 있음을 알 수 있다"E. 슈바이처.

사실 우리는 삶의 여정의 각각의 단계에서 이 비유 속의 등장인물과 같이 행동해 온 것은 아니었을까요.

방탕한 둘째 아들

그러나 여기서 시점을 더 넓혀 보면 이 비유를 미성인성未成人性에서 벗어나서 자유를 향해 모험하는 인류 역사에 대한 하나의 상징으로도 읽을 수 있습니다. 그때 '해방'의 모토 아래 행해 왔던 인류의 경험은 지금에 와서는 어떻게 할 수 없을 정도로 과대한 자기 항진亢進을 만들었음을 깨닫게 됩니

다. 자기 자신의 주인이 되고, 스스로 제작한 세계의 주인이
된 인간은 이제는 더 이상 지금까지의 삶의 방식에 확신을 가
질 수 없게 되어 버린 것입니다. 현대 문명은 어디를 향해 나
아가려는 것인가. 어떠한 선택과 결단에 휩쓸려 들어가 버린
것인가. 그리고 그로부터 무엇이 나올 것인가 등등.

> 계몽주의와 함께 시작하고 계몽주의에 의해 완성된 인간과
> 자연을 목적합리성의 원칙에 따라 조직하려고 한 근대의 시
> 도는 인간 자신의 발목을 붙잡아 점차 인간을 '일차원적'으로
> 목적합리성의 원칙에 따르는 생활방식으로 끌어내려 왔다
>
> J. 에바하, 《리바이어던과 베헤모트》, 1984년.

그 결과 '기술 우위' 아래에서 인간의 사회와 자연세계를
포괄하는 현대 문명과 산업사회의 병리가 현저해진 것입니다.
이러한 자기 성찰을 호소하는 것이 앞에서 인용한 아버지
의 말입니다. "이 아들은 죽었던 것이 살아 돌아왔고 없어졌
던 것을 찾았기 때문이다"라고. 이 말은 돌아온 탕자의 상황
을 경제적인 비참함에서 실존적인 차원으로 전환시키는 것
이 아니겠습니까. "그는 죽어 있었다." 즉 그것은 가난이나 기
아나 막다른 골목에 처하는 것보다 더 참혹한 것입니다. 그
는 육체적으로만 살아 있을 뿐 그 육신에는 사랑도 우정도 동
경도 희망도 없는, 말하자면 살아 있는 시체와 같다는 것입니
다. 그것은 우리 앞에 하나의 상징으로서 심각한 물음을 던

지고 있습니다.

모든 관심을 쏟고 능력을 발휘하여 단지 눈에 보이는 물질의 생산 효율만을 추구하며 소비 문명 가운데 매몰되어 온 지금까지의 '풍요 사회'도, 실은 '죽어 있었던' 것입니다. 돌아온 탕자가 떠나갔던 먼 나라가 마침내 소원한 나라, 곧 자기 소외의 세계가 된 것처럼 말입니다. 이 비유가 돌아온 탕자, 즉 방탕한 작은아들the prodigal son이라고 불려 왔던 것은, 우리 현대인에게 참으로 암시적입니다.

우리는 지구 자원의 낭비자로 심판받고 있습니다. 현대를 사는 우리는 인류와 자연의 유구한 역사 속에서 우리 손에 주어진 유산, 즉 자원과 환경을 어떻게 사용해 왔습니까. 열대우림을 벌목하고 해양과 대기를 오염시키고 생태질서를 회복 불가능한 정도로 파괴해 버린 것입니다.

아니, 그것만이 아닙니다. 칼 바르트는《교회 교의학》의 화해론에서 원자핵 연구와 개발의 종착지인 핵무기에 의해 동서 세계를 포함한 인류 공멸의 위협을 만들어 냈다는 사실을 지적합니다. 근대 과학의 발전이 "잠시 주춤한 후에 허무와 결합하고, 허무 그 자체를 위해 다시 근대 과학을 사용하는" 인간의 혼란을 야기했다는 것입니다. 이 지적에 이은 다음 발언은 참으로 무겁고 실제적인 울림을 불러일으킵니다.

> 그러나 볼 수 있는 눈으로 보고 있어도 보지 못하는 것이 있을 수 있다. 명백하게 접근하고 있는, 원자핵에 의한 죽음에 관해

보편적인 두려움은 엄밀히 존재하나, 그러나 그것만으로 그 진행을 저지하기에는 역부족이다. '인간의 혼란' 그 자체의 인식은 (이 경우 원자핵의 죄의 인식) 그것과 별개의 사항이다.

《원자력 발전과 기독교》, 신교출판사 편집부편, 신교 코이노니아 26, 2011년.

이것은 현재 동일본 대지진을 계기로 한 후쿠시마 원전 사고와 함께 퍼져 나간 위기감 (눈에 보이지 않는 방사능의 피해에 대한 불안 심리와 강박적 반응)과도 통하는 바가 있습니다. 사실 핵의 평화적 이용이라는 명분 아래 진행되어 온 원자력 발전은 핵무기의 존속과 그 새로운 기술 개발이라는 목적과 결코 무관하지 않습니다. 이 사실은 지금은 공공연한 비밀이 되어 있습니다. 후쿠시마 원전 사고는 과학기술 만능이라는 근대적 환상을 우리의 눈앞에서 깨트려 버린 사건이었습니다. 선전해 왔던 '안전 신화'는 도대체 무엇이었던 것일까요.

원래 자연에서는 일어날 수 없는 핵분열의 연쇄반응을 인위적으로 일으킨 시도에는 용서하기 어려운 인간의 오만이 숨어 있습니다. 예를 들어 원전 사고가 생기지 않았다 하더라도 원자력 발전 자체가 인간의 능력을 초월하는 '비인도적 존재'야마모토 요시타카라고 지적되고 있습니다. 실제로 핵폐기물을 자연의 순환과정으로 되돌리는 최종적인 처리 기술도 미해결인 채로 수만 년 후의 먼 장래에 맡기지 않으면 안 되는 것입니다. 그것은 단적으로 말하면 신이 창조한 자연의 질서에 위반하는 '죄' 그 자체인 것입니다.

내일을 향한 희망

예수의 돌아온 탕자의 비유는 이런 현실에 직면한 우리 자신이 '자기에게로 돌아가는' 것(바르트가 말하는 '죄'의 자각과 회개)을 무엇보다 먼저 묻고 있는 것이 아닐까요. 그와 동시에 돌아온 탕자의 메시지에는 그것을 인류의 희망 이야기로 연관 짓는 결정적인 모티브 또한 숨어 있습니다. 즉, 현대 문명세계는 회의와 과신, 절망과 환상 사이를 반복해서 오갔습니다. 이러한 동요의 한가운데 서서 이 세계에 사는 인간을, 그럼에도 불구하고 근원적으로 지탱하여 세워 주고 있는 것은 이 비유 전체에 나타나 있는 '하나님의 사랑'이 아닐까요.

확실히 신은 자유의 모험을 추구하는 자를 억지로 주저앉히려 하지 않고, 강제로 되돌아오게 하려 하지도 않습니다. 바르트는 앞의 이 문장에 이어 이렇게 말합니다. "세계사는 (다행스럽게도 역시 하나님의 섭리에 따라 진행되는 것이나) 이러한 징후인간의 혼란 아래 진행되어 가지 않으면 안 될 것이다. 또한 그렇게 진행되어 갈 것이다."

사실 일단 떠나갔던 자는 그릇된 동기에서 되돌아와서는 안 됩니다. 진정한 귀향은 피로나 체념에서가 아니라 참된 '회심'에서 감행되지 않으면 안 되는 것입니다. 그러나 하나님께로부터 멀어지려는 인간의 걸음이 아무리 크다 해도 인간을 향해 달려오는 하나님의 걸음보다 더 클 수는 없는 것입니다.

그때, 이 비유는 우리에게 명백히 가르쳐 줍니다. 즉 예수의 아버지 되신 하나님은 인간의 참된 자유와 자기실현을 억압하거나 제한하려는 전제 군주도 경쟁자도 결코 아님을. 하나님의 사랑과 자비는 인간을 노예와 같이 비참하게 하는 것이 아니라, 도리어 인간 고유의 가치와 존엄성을 회복시켜 주신다는 것입니다. 사도 바울의 말을 따르면, "그러므로 네가 이후로는 종이 아니요 아들이니 아들이면 하나님으로 말미암아 유업을 받을 자니라"갈 4:7. 그것은 동시에 바울에 의해서 우주적 비전으로 연결되어 갑니다. "피조물이 다 이제까지 함께 탄식하며 함께 고통을 겪고 있는 것을 우리가 다 아느니라"롬 8:22. 바울이 이렇게 말하는 것은 문자 그대로 생태계 질서를 포함한 현대 세계의 문명적 위기 상황에 대해 말 걸고 있는 것입니다.

바울에게 자연 세계는 그 성립의 유래뿐만 아니라 그 최종적인 목표 역시 늘 창조자이신 하나님과 결합되어 인식되고 있습니다. 원래 성서에는 근대인이 '자연'이라고 불러 왔던 것 같은 대상은 존재하지 않습니다. 그것은 하나님으로부터 분리된 순수히 세속적·차안적此岸的인 사실로서의 세계가 아닙니다. 말하자면 인간이 자유롭게 처리하는 것이 허락된 객관적·대상적 소재가 아니라는 것입니다. 성서는 추상적인 '자연'이 아니라 '피조물'에 대해 말하고 있습니다. 자연과 인간은 동일한 하나님의 '피조물'로서 종말론적인 희망의 지평에서 서로 파트너로서 인식되고 있는 것입니다. 바울의 배후에는 다음과 같은 그의 확신이 있습니다.

> 생각하건대 현재의 고난은 장차 우리에게 나타날 영광과 비교
> 할 수 없도다 피조물이 고대하는 바는 하나님의 아들들이 나
> 타나는 것이니 피조물이 허무한 데 굴복하는 것은 자기 뜻이
> 아니요 오직 굴복하게 하시는 이로 말미암음이라 그 바라는
> 것은 피조물도 썩어짐의 종노릇한 데서 해방되어 하나님의 자
> 녀들의 영광의 자유에 이르는 것이니라 피조물이 다 이제까지
> 함께 탄식하며 함께 고통을 겪고 있는 것을 우리가 아느니라
> 롬 8:18-22.

라틴아메리카의 신학자 레오나르도 보프는 로마서의 이 말씀을 해방신학의 관점에서 희망의 말씀으로 파악하고 있습니다. "이 세계의 우울한 체험에 비추어 본다면 이 해방된 세계는 현실과 대극에 있는 동경의 세계다. 그래도 이 동경은 계속 살아 있어 결코 사라지지 않는다. 이 부푼 기대는 잔혹하고 비참한 사건 이상으로 현실적이다. 이러한 곳에 사는 정신은 늘 절망과 무력감에 대해 강력하게 저항한다. 모든 시대의 예언자는 희망을 옹호하며 나팔을 부는 기병이고, 보다 나은 내일을 알리기 위해 지평선에서 떠오르는 커다란 별인 것이다. 해결의 길은 미래에 있다. 우리는 희망에 의해서만 구원롬 8:24받는다"보프, 《주님의 기도》, 야마다 겐조 역, 교분칸.

잘 알려진 바대로 알버트 슈바이처는 생명에 대한 외경의

윤리에서 "나는 생각한다 고로 존재한다"라는 데카르트적 명제에 의식적으로 대립하여 "나는 살고자 하는 생명에 의해 둘러싸인, 살고자 하는 생명이다"라고 말했습니다. 마찬가지로 바울 역시 여기에서 모든 생명과 함께 살아갈 수 있게 된다는 우주적 구원의 비전을 제시하고 있습니다W. 빈데만, 《피조물의 희망—롬 8:18-27과 인간 및 자연의 해방신학의 문제》, 1983년.

예수에 의해 열린 새로운 '하나님 나라'의 메시지는 인간에 의한 만능적 작위의 망상으로부터도, 강박적 불안 심리로 요동치는 반응과 행동으로부터도 우리를 해방하는 약속을 포함하고 있습니다. 돌아온 탕자의 비유에서 나타난 하나님의 사랑에 의해 우리는 담대하게 그리고 침착하게 다시 매일매일 곤경에 직면해 가는 희망과 기쁨에 초대받고 있습니다. 그것은 고난 중에 있는 사람들과 무기력한 사람들을 외면하는 것이 아니라, 슬픔에 잠겨 있는 사람들과 함께 손을 맞잡고 살아가는 책임 주체로 우리를 눈뜨게 하는 '내일에 대한 희망'의 메시지인 것입니다.

　지금 우리를 둘러싼 시대적 상황은 참으로 암울한 전망뿐입니다. 정치·경제를 비롯하여 사회의 어떤 분야에서도 질서와 규율을 잃어버린 일종의 액체화 현상이 나타나고 있습니다. 그것은 동서양을 막론하고 세계적인 규모로 감지되고 있습니다. 특히 오늘날 일본에서는 동일본 대지진에 의한 자연재해와 후쿠시마 원전 사고의 재해가 겹쳐서 미래를 예측하는 것이 거의 불가능한 듯이 보입니다. 사회나 일부 미디어에서는 계시 문학적인 종말적 불안 심리를 부채질하는 움직임까지 있습니다.

　이 책에서 저는 복음서에 기록된 예수의 비유 가운데에서 가장 잘 알려진 '돌아온 탕자 이야기'를 다시 한 번 읽어 봄으로써 위기와 혼미의 시대 한복판에서 살아가는 우리가 서 있는 위치를 재확인해 보고 싶었습니다. 예수의 메시지에서 전해져 오는 하나님의 크나큰 사랑에 대한 '근원적 신뢰'를 토대로 힘차게, 침착하게 나아가 약간의 유머를 가지고 다시 일상에서 신앙을 증거해 나가는 원기와 활력을 회복하고 싶었습니다.

먼저 1부에서는 돌아온 탕자를 그린 많은 미술 작품을 감상하는 것에서 시작해 보았습니다. 중세 초기에서부터 오늘날에 이르기까지 대표적인 기독교 미술의 변천사를 추적하고, 특히 마지막 장에서는 현대 미술 가운데 우리에게도 익숙한 샤갈의 작품과 아시아 미술 작품 두세 가지를 선택해 보았습니다. 시대·문화적 풍토와의 관련 속에서 제작된 작품들의 도상학적·신학적 해석을 통해 오늘날의 우리를 향한 복음의 풍요로운 메시지를 음미하고 싶었기 때문입니다.

2부에서는 돌아온 탕자 비유에 대한 최근의 성서학적 성과도 참조하면서 먼저 텍스트의 자세한 해석을 시도해 보았습니다(1장은 이 책 전체를 이해하기 위한 기본적 전제가 되고 있습니다). 이어서 고대 교회에서 현대에 이르는 이 비유의 해석사·영향사적 개관을 덧붙였습니다. 특히 5장에서는 현대 문명의 위기에 대해 예수의 복음이 갖는 강력한 희망의 메시지를 일본의 현실과 조응해서 다시 읽어 보려고 했습니다.

성서 텍스트, 특히 그 주요 테마를 도상학적으로 해독하는 방법은 제가 젊었을 때 미우라 안나 여사의 《미술에 나타

난 요한》이와나미서점,《예수의 유년 시대》신교출판사를 통해 기독
교 도상학 연구에 눈뜨게 되면서 관심을 갖게 된 것입니다.
제가 전공한 유럽사상사 곧 정치사상사 분야에서도, 예를 들
면 드보르작의《정신사로서의 미술사》등을 통해 사상사 연
구에서 미술사 연구가 중요한 위치를 차지하고 있다는 것이
알려져 왔습니다.

　　나아가 성서적·교의적 주제에 대한 해석사·영향사적 분
석의 중요성은 오늘날 학계에서 널리 인정받고 있습니다. 저
자신이 오랜 세월에 걸쳐 정치와 종교의 관계라는 테마를 둘
러싸고 이러한 방법과 과제에 몰두해 왔습니다《국가와 종교—유럽
정신사에서의 로마서 13장》, 양현혜 역, 삼인출판사, 2004년. 같은 방법을 사용
해 아주 적은 사례事例이지만 예수의 비유나 사도신경의 두세
가지 주제에 관하여 사상사적·신학적 분석도 해왔습니다.

* * *

　　이 책의 주요 부분은 원래《신약성서를 읽다—돌아온 탕
자의 정신사》이와나미북렛트로 간행된 소책자와 그것을 보완하기
위해 쓴 〈미술사에 나타난 예수의 비유—돌아온 탕자의 도

상학적 해석〉이라는 두 편의 논문을 기초로 하고 있습니다. 이번에 신교신서로 간행됨에 따라 옛 원고에 가필을 하였습니다. 특히 1부, 2부의 마지막 장5장은 모두 동일본 대지진 사태를 염두에 두고 써넣은 새로운 원고입니다.

이러한 형태로 옛날 책을 다시금 책으로 출판하는 것을 허락해 주신 이와나미서점의 야마구치山口昭男 사장님의 호의에 대하여, 또한 이 새로운 판을 간행해 주신 신교출판사 고바야시小林望 사장님의 호의에도 다시 한 번 감사드립니다.

2012년 6월 센다이에서

미야타 미츠오

저자 미야타 미츠오宮田光雄 선생은《독일의 정신구조》이와나미서점, 1968년, 일본학술원상와《미야타 미츠오 전집》전7권, 이와나미서점, 1996년을 비롯하여 서구 정치사상사 관계에 대한 저서를 발표한 저명한 정치학자도호쿠대학교 명예교수입니다. 선생은 최근 자신의 학문적 영역을 확장시키면서 종교와 예술의 관계를 연구한 저작과 강연을 활발하게 해나가고 있습니다. 종교음악이나 미술의 예술적 표현에 주목하면서 전 인격적으로 그것들과 마주하고 있는 것입니다.

이 책에서 논하는 '돌아온 탕자'의 비유는 오늘날까지 역사적으로 다양한 해석과 미술 작품을 만들어 왔습니다. 현대를 사는 우리가 이 비유에서 무엇을 읽어 낼 수 있을까? 이러한 문제의식에 근거해서 저자는 풍부한 학식과 날카로운 통찰력으로 해석사를 치밀하게 추적합니다. 그리고 하나님과 인간의 드라마를 유머 감각을 가미해 가면서 해독해 갑니다. 이 책의 목적이 우리가 "예수의 메시지를 통해 전해지는 하나님의 커다란 사랑에 대한 근원적 신뢰에 의거해서 …… 신앙과 그것을 증거할 힘과 용기를 되찾는" 것에 있다고 하면서 말입니다.

　이 책의 내용은 '타의 추종을 불허하는 회화적 말투의 명수'인 예수의 대표적 비유 중 하나인 '돌아온 탕자'를 그린 미술 작품에서 도상학적으로 메시지를 읽어 가는 1부와, 성서 텍스트의 상세한 해석으로부터 시작하여 고대에서 현대의 문학 작품에까지 확대되는 해석사·영향사적 개관을 추적하는 2부로 구성되어 있습니다. 하나의 비유에서 이렇게 이미지가 풍부하게 확장되는 것을 발견하면서 놀라움을 금할 수 없습니다. 이렇게 이미지를 따라가다 보면 마침내 이 책의 시점이 '자기 자신을 재발견하는 거울'로서의 비유라는 점에 '돌아온 탕자'의 초점이 맞춰짐을 깨닫게 될 것입니다. 그리고 그것은 자신의 미래를 탐구해 가는 젊은이들을 격려하고, 저자 자신이나 화가 와타나베 소이치渡邊總—처럼, 3·11 동일본 대지진과 원전 사고로 인해 되돌아가야만 하는 고향을 잃어버리고 신음하고 있는 사람들을 격려하는 시점이기도 하다는 점도 깨달을 것입니다.

　이 책의 내용을 간단히 살펴보겠습니다.

먼저 1부. '돌아온 탕자'가 그림으로 그려지게 된 것은 의외로 늦은 시기인 중세 이후라고 합니다. 그러나 저자는 방대한 수의 가톨릭권 성화를 망라하는 것까지는 시도하지 않습니다. 오히려 그러한 본류를 떠나 '방탕'하는 시절의 모습에 자기 자신을 중첩시켜 그리고 있는 종교개혁 이후의 뒤러나 히에로니무스 보스, 더 나아가 렘브란트, 유대인인 샤갈, 중국 문화혁명으로 지방에 '하방'되어 종교 탄압을 받던 중에 서민들의 '전지'剪紙 예술과 만나 자신만의 기법을 갖게 된 '하기'河琦, '범박'范朴 그리고 재해 지역인 이시마키石巻 출신의 일본인 화가 '와타나베 소이치' 등의 작품을 저자는 주목합니다. '돌아온 탕자'를 표현한 이들 작품에서 공통된 것은 화가 자신의 배경이 그려 넣어지고 있다는 점입니다. 그것은 결코 값싼 '토착화'가 아니라 '문화 내 개화'나 '상황화'인 것입니다. 이러한 시점은 2부의 해석사·영향사적 개관에도 병행됩니다. 중세까지의 '형=유대인, 동생=기독교인, 잔치를 위해 도살된 송아지=그리스도'나 종교개혁기의 '형=행위 의인, 동생=신앙 의인'이라는 유비적 해석을 저자는 가볍게 흘려 넘기고, 오히려 근대 문학의 지드, 릴케, 카프카의 문학적 해석과 심리적 해석에 주목합니다. 공통된 것은, 동생의 여행을 단순히 방탕이나 죄로 간주하지 않고 오히려 자기 정체성을 추구한 모험, 무한히 자유로운 가능성에 자기를 맡기고 싶다는, 미숙하지만 긍정적으로 보아야 할 '자립에 대한 갈망'이라고 파악한 것입니다. 물론 그 모험에는 환상도 있어서 '현실 삶의 한계를 인정하고 행동에서 기인되는 결과에 대해 책임을 감당할 것을 요구하는 결과가 되어 버리지만, 최종적으로 동생이 취한 행동은 자신의 비참한 상황의 원인을 남에게 전가하는 것이 아니라 스스로 받아들이고 고향으로 돌아간다는 '성숙한 결단'이라고 합니다. 이는 참으로 신선한 메시지라 하겠습니다.

그리고 저자는 이것이야말로 '기술 우위'의 입장에서 오만하게도 '만능적 작위'의 망상에 사로잡혀 지구 자원의 낭비자로서 돌진했던, 무엇보다도 3·11일 후쿠시마 원전 사고에서 선명히 나타나는 우리 문명의 '미성인성'에서 벗어나 '자유를 향해 모험하는 인류의 역사에 대한 하나의 상징'으로 읽어야 한다고 주장합니다. 이러한 저자의 지적은 가히 압권이라고 하겠습니다.

　미야타 선생의 견해에 의하면, 이 세상에서 인간은 '만능적 작위의 망상'과 '강박적 불안 심리' 사이에서 요동치는 숙명의 존재입니다. 그러나 예수를 통해 열리는 새로운 '하나님의 나라'의 메시지는 그 숙명에서 인간을 해방하는 약속을 포함하고 있는 것입니다. 따라서 만능과 불안을 둘러싸고 요동치는 인간의 앞길에 있는 것은 멸망과 같은 암울한 결과가 아니라는 것입니다.

　인간을 근원적으로 지탱하고 있는 것은 비유 전체를 통해 우리에게 말 걸고 있는 '하나님의 사랑'으로, 그것이 예수가 전하는 복음 그 자체인 것입니다. 우리는 저자의 인도에 따라 '내일의 희망'이라는 복음의 메시지를 1부에서는 감성적으로 음미하고, 2부에서는 지성적으로 깨달을 수 있었습니다. 하나님의 사랑은 슬퍼하고 애통해하는 사람들과 손을 맞잡고 함께 살아가는 책임 주체로 우리를 일깨우신다. 저자는 이렇게 힘차게 말하며 책을 끝맺고 있습니다.

　이 책을 통해 이 땅의 많은 사람들이 예수의 메시지에서 전해져 오는 하나님의 커다란 사랑에 대한 '근원적 신뢰'에 근거하여 힘차게, 침착하게 나아가 조그마한 유머를 가지고 다시 일상에서 신앙의 증거를 해나가는 원기와 활력을 회복하기를 소망합니다.

2013년 10월

인문관에서 양현혜

옮긴이 **양현혜**

이화여자대학교 기독교학과를 졸업하고 도쿄대학 대학원에서 종교사학으로 박사학위
를 받았다. 현재 이화여자대학교 기독교학부 교수이다. 1996년 나카무라하지메中村元 종
교연구상을 수상했다. 저서로《윤치호와 김교신: 근대 조선에 있어서 민족적 아이덴티티
와 기독교》《빛과 소망의 숨결을 찾아: 이화여자대학교 대학교회 70년사》《근대 한일 관
계사 속의 기독교》등이 있으며, 역서로《일본 사회의 인간관계》《기류민의 신학》《야스
쿠니 신사》《전쟁인가, 평화인가》《국가와 종교: 유럽 정신사에서의 로마서 13장》《메르
헨, 자아를 찾아가는 빛》외 다수가 있다.

탕자의 정신사

放蕩息子の精神史

2014. 5. 14. 초판 1쇄 인쇄
2014. 5. 20. 초판 1쇄 발행

지은이 미야타 미츠오
옮긴이 양현혜
펴낸이 정애주
곽현우 국효숙 김기민 김의연 김준표 김진성 박상신 박세정 박혜민 송민영
송승호 염보미 오민택 오형탁 윤진숙 임승철 정한나 조주영 차길환 한미영

펴낸곳 주식회사 홍성사
등록번호 제1-449호 1977. 8. 1.
주소 (121-885) 서울시 마포구 양화진4길 3

전화 02) 333-5161
팩스 02) 333-5165
홈페이지 www.hsbooks.com
이메일 hsbooks@hsbooks.com
트위터 twitter.com/hongsungsa
페이스북 facebook.com/hongsungsa
양화진책방 02) 333-5163

The Intellectual History of The Prodigal Son
First published in Japan in 2012 by Shinkyo Publishing Co,, Ltd.
text copyright ⓒ 2012 by Mitsuo miyata and cover image ⓒ by Watanabe Sōichi

ⓒ 홍성사, 2014

• 잘못된 책은 바꿔 드립니다.
• 책값은 뒤표지에 있습니다.

ISBN 978-89-365-1028-2 (03230)